NY流30秒で「美人!」と思わせる55のルール

一色由美子 イメージコンサルタント

幻冬舎

NY流　30秒で「美人！」と思わせる55のルール

PROLOGUE

最初の30秒で相手を惹きつける人になる！

年齢、体重……日本人は、本当に数字が大好きだなぁと思います。

欧米では体重計を置いてある家がほとんどないし、敬語もない社会では、人に年齢を尋ねることがありません。

日本では、毎日、実に様々な情報が流れていますが、個性や自分らしさを大切にする内容のものはどれくらいあるでしょうか。体重を○キロ減らす方法、「アラサー」や「アラフォー」など、私たち女性はすぐ数字でカテゴライズされて、自分でもそれを意識せざるを得ません。

数字はたしかにバロメーターにはなるけれど、たとえ今より2キロ痩《や》せても素敵に見えないカラダなら意味がないし、不健康でネガティブな30代よりも、健康でキラキラしている50代のほうが魅力的なはずです。

長年住んだアメリカ、ニューヨークでの生活で、世界基準のビューティーと日本のビューティーの違いを強く感じました。

ニューヨークは**「見た目」を重視する社会**ですが、そこで一番大事なのは**「自分らしい」スタイル**です。「自分らしい」スタイルとは、自分らしい生き方や考え方を持つということ。自分の魅力を理解し、上手にアピールしている人が、美しいと評価されます。日本の女性にも、個性や自分らしさをもっとアピールしてほしいと思います。

後でお話しするように、私の職業であるイメージコンサルタントは、お客さまをより魅力的に変えるのが仕事です。

そのためにファッションやメイクだけでなく、コミュニケーションやメンタル、そして食事など、年齢を超えて、健康で若々しく美しく、魅力的であるためにはどうしたらいいいかを、勉強し実践してきました。

年齢を超えて美しい人は、決して整形や高い化粧品にばかり頼る人ではありません。

外見は、私たちの内面や生活を映し出す鏡です。若い頃は顔立ちの美しさが際立ちますが、年齢を重ねれば重ねるほど、本人の努力が美人をつくります。

ファッションやメイクに気を遣わなくても、パッと見た瞬間に美しい「生まれながらの美人」は、たしかにうらやましい存在です。若い頃は、なかなかそのパワーにかないません。

でも、**生まれながらの美人でなくても、ひとこと言葉を交わしただけで、たった1回のアイコンタクトで、「この人、美人！」と思ってもらうことは、実は、誰にでもできること**です。

そこで物を言うのは、それまでにどれだけ豊かな経験を重ねてきたか、自分にどんなファッションやメイクが似合うかを知っているか、そして自分に自信を持ち、自分を愛せているかという、その人の人生そのものです。

それらを最初の30秒でギュッと凝縮させて相手に伝えるお手伝いをすること、それが私の仕事です。私がイメージコンサルティングの経験から学んだことが、30秒で相手を惹《ひ》きつけられる人になるためのお役に立てれば幸いです。

装幀◎アルビレオ
ＤＴＰ◎美創
編集協力◎長山清子

NY流　30秒で「美人！」と思わせる55のルール

目次

PART 2

コミュニケーション編

PART 3

メンタル編

PART 1

外見編

1

見た目重視の「見た目主義」を楽しみましょう

人間は見た目が大事か。

それとも中身が大事なのか。

見た目は、私たちの中身を映し出す鏡です。人というのは外見と内面の両方を合わせたトータルパッケージであって、どちらかだけを切り離して考えることはできません。

見た目と言うと、服装や髪型、メイクなど表面的な部分と考えがちですが、ファッションだけでなく、立ち振る舞いや表情、話し方などを含めたノンバーバル（非言語）コミュニケーション全般が「見た目」をつくります。

たとえば振り込め詐欺をはたらくような人たちは、声のトーンや話し方なども計算しているといいます。被害にあったお年寄りに、「どんな印象でしたか?」と聞くと、「信頼感があって、知的で、とても詐欺師だったとは信じられない」と答えるそうです。私たちは声や話し方でも相手をジャッジしているのです。

アメリカでは太っている、あるいは外見がだらしない人は自己管理ができないとみなされ、出世に影響すると言われています。

また、見た目と社会的成功の関連を調べた統計もあります。米国テキサス大学オースティン校のダニエル・ハマーメッシュ教授の調査によれば、**見た目がよい人はよくない人より、生涯年収が15%、日本円で約4000万円も高い**そうです。

じっくり内面のよさを伝える時間があったかつてとは違って、何事にもスピードが求められる今の社会では、人を見た目で判断するのは避けられません。

多くの人がフェイスブックや交流サイトを利用するようになり、第一印象より前の「第0印象」という言葉も生まれています。集客も出会いも就職も、プロフィール写真などバーチャルな世界の「第0印象」で決まってしまうというのです。

一人の人と出会うのが大変な時代なら、ちょっとくらいピンとこなくても「これも縁かもしれない」と長い目で見て、その人のいいところを見つけようと努力するでしょう。ですが、今はネット上にいくらでも代わりがいます。最初に悪い印象を与えてしまったら、次につながりません。これは婚活でもビジネスでも同じです。

でも、ポジティブに捉《とら》えれば、**誰もが自分を自由にプロデュースできる**時代が来たということです。個性や自分らしさを出すことで、差別化をはかれる時代です。時代の流れに合わせて、「見た目主義」を楽しむことができれば、あなたの未来はますます明るくなるはずです。

2

「見た目」が変わると、人生のチャンスが増えます

私が仕事にしているイメージコンサルティングとは、お客さまの目的やゴールに合わせて、イメージをアップさせる方法をアドバイスすることです。目的やゴールは、仕事でも、プライベートでもかまいません。たとえば女性であれば、婚活を目的とした方や、起業している方、会社で人を使う立場の方々もいらしてくださいます。男性の場合は、経営者が多くいらしてくださっています。

その人の目的やゴールに合わせて、より魅力的に見える服装、ヘアスタイル、メイクアップ、洋服のカラーコーディネイションから、立ち振る舞い、表情、話し方、マナーなどをトータルでアドバイスし、イメージアップさせるのが仕事です。

イメージコンサルタントという職業が一般に知られるようになったのは、１９６０

年のこと。アメリカで、ケネディとニクソンの大統領選挙向けのディベートが、初めてテレビ放映されたのがきっかけでした。

ディベートをラジオで聞いていた人々は、ニクソンの演説が大変素晴らしく、ニクソンが優勢だと思ったそうです。でも実際は、テレビ放映をきっかけにケネディ優勢に逆転し、選挙でもケネディが勝利をおさめました。

テレビ画面では、ドーランを塗って顔色をよくしたケネディのほうが若々しく颯爽《さっそう》として見え、印象がよかったからです。ケネディには従兄弟《いとこ》に俳優がいた関係で、早くからカラーアドバイザーをつけていたそうです。

以来アメリカでは、大統領をはじめ政治家は、イメージコンサルタントをつけるのが当たり前になりました。

アメリカでは、「見た目がだらしない人は中身もだらしない」と考えます。ニューヨークには、様々な人種と民族が集まって暮らしています。使われている言語は約120種類！　数多くの文化、嗜好、宗教観、政治観があり、その多様性が認められる街です。そんな街で、**相手を理解する何よりの手がかりになるのは、相手の外見**なのです。

日本では、長年続いてきた年功序列などの制度が崩れ、誰でも自分の能力を試せる社会に近づきつつあります。女性起業家やシニア起業家も年々増えています。2020年の東京オリンピック開催に向け、ビジネスチャンスを狙っている方もいるでしょう。そんな能力重視の社会では、「見た目」も大切な能力のひとつ。「見た目重視」の社会は、誰にとってもチャンスのある社会だと言えるのです。

3 勝負は「最初の30秒」です

人の第一印象は

Appearance　外見
Behavior　立ち振る舞い
Communication　コミュニケーション

この3つで決まります。これを「第一印象のABC」と呼びます。

第一印象が形成される時間は、3秒から6、7秒とも言われますが、私は、最初の30秒が大事だと考えています。

なぜなら、初めて会って、簡単な自己紹介が終わるまでが、だいたい30秒だからです。ぱっと見た服装や顔の印象、これに声の大きさ・トーン・速さ、笑顔か、アイコンタクトをしているかどうかなどが追加され、第一印象が決まります。

第一印象が悪かった場合、それを覆すには2時間かかるとも言われています。後から取り戻すのは大変です。

だからこそ、第一印象は大切にしたいもの。

肩にフケが落ちている、目やにがついている、歯が汚い、シミのついたネクタイをしめているなど、「かまわなすぎ」は男性に多いパターンです。

逆に「かまいすぎ」で第一印象を悪くしているパターンは、女性に多いようです。厚化粧や派手な格好、露出度の高い服装は、あなたが表現したい「自分らしさ」でしょうか。

みんなが着ているからといってモテを狙った服装をしても、自分の体型やパーソナリティと合致しないと、「どこか違うなぁ」という違和感を与えてしまいます。職業のイメージからかけ離れた外見も、不信感につながります。かたい仕事をしている人が、仕事の場面でカジュアルすぎる服装をしていれば、「この人、大丈夫かな」と思われても仕方がないでしょう。

逆に顔立ちも服装も悪くないのに、暗い声で、「○○です。どうぞよろしくお願いします」と挨拶《あいさつ》されても、「この人に仕事を頼みたい」とは思ってもらえないでしょう。ハイテンションすぎる挨拶も、相手を驚かせ、不安にさせます。

私はきれいじゃないから第一印象が悪いわと思われる方、顔というのは、その人の笑顔、表現力で美しく見えるものです。

どんなに整った顔立ちをしていても、無愛想な方や暗い方は、きれいには見えないはずです。無意識に高飛車な態度や横柄な態度を取っていないでしょうか。

相手の目を見て話せない方、猫背な方、逆にフレンドリーを通り越して、なれなれしい方も、第一印象は最悪になってしまいます。

日頃から考え方がネガティブな方、否定的な言葉を使って会話をしている方も、あなたの表情や目つきにその心が表れることをお忘れなく。

初対面で、どうしても緊張してしまう方は、自己紹介が大の苦手だと思います。あなたが誠実な人であるなら、上手に話せなくても、そのことは相手に十分伝わるはずです。またこれは慣れによって、改善されるものです。

自分ではなかなか分からない自分の印象ですが、あらためて、まわりの方々に聞いてみてください。また、自分の職業やパーソナリティから、どんな人に見られたいのかを書き出してみてください。

私たちは、「外見」という歩く名刺を多くの人に差し出して日々生活しています。服装と自分の職業や性格、個性のバランスが取れたイメージづくりをしていきましょう。

4 「自分が好きな服」を選ぶのをやめてみる

みなさんは、どのような理由で自分の洋服を選んでいますか？

①自分が好きな洋服
②自分にとって着心地がよい洋服
③雑誌に載っていて素敵だから真似したい洋服
④職場で浮かない、華美に見えない、オジサンたちに注目されない洋服
⑤お店で店員さんに勧められてなんとなく買う洋服
⑥自分に似合う洋服
⑦自分のイメージ、職業、目標とするものに合致する洋服

セミナーなどで質問すると、多くの方の答えは①～⑤です。

もちろん、似合う似合わないに関係なく、好きな服を着てみるという楽しみはあります。

でも本書をお読みになり、「見た目」を変えて人生を変えたいと思っていらっしゃる方に私がおすすめするのは⑥と⑦です。

イメージコンサルタントの立場から言えば、**服装とは「自分を引き立たせ、体型を生かし、魅力的に見せるための道具」**なのです。それと同時に、自分の内面や外見のイメージに合っていることが大事です。

洋服を通して正しいメッセージを発信することが、まわりの人が、あなたを正しく理解することにつながります。

流行の服装など、とりあえず着てみたいだけの服は、プライベートで存分に楽しみましょう。

次からは、自分を魅力的に見せる服選びのためのポイントをお話ししていきます。

5
「ブランド品だから」「高いから」安心とは限りません

初対面の相手に自分を印象づけたいときや、ビジネスの大事な場面で、「勝負服」を着るという人は多いのではないでしょうか。

そのような洋服を選ぶときのコツをお話ししましょう。プライベートとはまた別の、あくまでも自分を最高のイメージにもっていくための服選びです。

値段、素材、仕立て、シルエット（デザイン）、色、サイズ（フィット感）で、優先順位の高いほうから順番をつけるとしたら、まずはなんと言ってもシルエット（デザイン）です。次に、カラダにフィットしているサイズが重要です。サイズが合っていないシルエット（デザイン）はＮＧ。

３番目に**色**。そして素材。至近距離でじっくり見られるなら仕立ても大事です。

値段は最後の要素です。本人に似合っていて素敵だったら、プチプラでも〇Ｋ。逆に「ブランド品だから安心」「高いから安心」とは限らないので、値段だけで購入しないようにしましょう。

特にオートクチュールや、個性派デザイナーのつくっている高級ブランド服は、それを着ることで、そのブランドを背負ってしまうことになります。デザイナーの個性が強すぎて、ブランドだけが前面に出てきてしまうことになりかねません。要するに「服に着られている」状態になってしまうのです。

個性的な内面や外見を持っていて、ブランドに負けないように着こなせるならいいのですが、そうではないなら、着るのはやめておきましょう。「何を買っていいか分からないから、とりあえず高いのを買っておこう」というのはナシです。

もちろん仕立てや素材のよさは、値段に比例する部分もあります。革製品などは、まさに金額と正比例するでしょう。たとえば男性の革靴やベルトは、高ければクオリティも高いものです。ただ高級ブランドの服などは、たしかに生地や仕立てはいいのですが、それだけでなく「デザイナーのイメージ代」もセットなので要注意です。

6 「自分に似合う色」は、こうしたら見つかります

シルエットとサイズの次に大事なのが、洋服の色です。

「パーソナルカラー診断」という言葉を聞いたことがある人も多いでしょう。色を四季になぞらえて4種類に分け、「あなたは春タイプ」「あなたは夏タイプ」というように、似合う色のパレットをアドバイスするというものです。

人間は**似合う色を身につけると、シミやシワ、陰影が目立たない**ので若々しく見えます。**顔がシュッと締まって小さく見え、輪郭や顔の立体感が美しく出て、肌の透明感やツヤが増します**。

逆に似合わない色の服を着ると、顔色がくすんだり、元気がなさそうに老けて見えたり、顔がのぼせたように膨張して見えることがあります。

自分はどの色が似合うのか、よく分からない場合は、まず、着ると顔色がくすむような色を避けましょう。

服を買いに行って、同じデザインの色違いで迷ったことはありませんか？

そんなときは、どちらの色がより自分に似合うのかという視点で選んでみてください。着てしまうと比較できない場合は、鏡の前で、2枚両方を交互に顔まわりにあててみるのです。その際、お店の中でも、できるだけ明るい、自然光が差すような場所で行うことをおすすめします。

ネットには、パーソナルカラー診断を無料で行っているサイトもあります。ただ、それはあくまでも、あなたの主観での診断であることをお忘れなく。

また、その色の洋服を着ていると、お友達や同僚、異性からよく褒められるというのは、とても素晴らしい手がかりになります。

自分に似合う色を知っておくことの利点は、まず、**買い物に行ったとき迷わなくなる**ことです。忙しくて買い物をする時間も惜しい方には、時間短縮につながります。

また似合わない色のものを買って無駄遣いすることもありません。

似合う色を知りたい方は、信頼のおけるパーソナルカラーリストをぜひ訪ねてみてください。

カラー診断などを受けると、「あなたの着る服は、この色の中から選びなさい」などと強くアドバイスする先生もいるようですが、それは「木を見て森を見ず」。物事の一部分や細部に気を取られて、全体を見失うことにつながります。

今は化粧品もよくなっているし、メイクやウィッグ、カラーコンタクトなどで、白人にも似せられる時代です。髪の色を変えなくても、帽子をかぶることもできます。

カラー診断を受けても、「この色の中からしか選べない」と考えるのでなく、肌がくすんだり、顔が膨張したりして見えないのなら、自分のパーソナルカラーパレットに入っていない色もぜひ楽しんでみてください。

逆に、色がどんなに似合っていても、垢抜《あかぬ》けなく見えたり、太って見えたり、シルエットやフィット感があなたの体型をよく見せないのなら、選ぶべきではありません。

最近は、男の人でもカラー診断を受ける方が増えてきました。でも似合う色が分かったところで、それをスーツに応用できるとは限りません。

ビジネススーツに許されている色は少なくて、紺系か、グレー系か、ブラウンまでです。もっともブラウンのスーツというのは、なかなか難しくて、どうしても老けた印象になったり派手に見られがち。いくら茶系統の色が似合うと診断されても、金融などかたいビジネスの業界にいれば、選べない方も多いでしょう。

その点では、女性のほうが制約が少ないとはいえ、スーツを着なければいけない仕事であれば、そこまで自由に色を選べるわけではありません。

パーソナルカラーは、あなたを素敵に見せるためのものであって、あなたを縛るものではありません。フレキシブルに対応し、カラーコーディネイトによって人生に彩りを与えてあげましょう。

7 自分の性格が着こなせる色を身につけていますか？

パーソナルカラーとキャラクター（性格）には、密接な関係があります。

服装があなたのキャラクターを表すべきだというお話をしましたが、色も同じく、あなたの性格と合致すべきものなのです。

私が行っているパーソナルカラー診断は、色を4つのカテゴリーに分けるものです。明度や彩度、そしてブルーベースかイエローベースかで色を分類し、分かりやすく「スプリングタイプ」「サマータイプ」「オータムタイプ」「ウィンタータイプ」の四季に分けて、お客さまにご提示します。

明度というのは文字通り色の明るさ、暗さを比較して表すものです。明度が高いほど白くなり、明度が低いほど黒に近づきます。

色の鮮やかさやくすみの程度を数量的に表したのが彩度です。私たちが日頃色を見て、派手、地味と感じるのも、この彩度を見ているのです。鮮やかな色は、はっきりと目立ちますし、くすんだ色は穏やかで落ち着いたイメージになります。

さらにその色がブルーベース（青味寄りの色相をベースに持つ色）なのか、イエローベース（黄味寄りの色相をベースに持つ色）なのかで、春夏秋冬の4パターンができあがるのです。

「スプリング」は、庭に咲く花々や新芽など、フレッシュで、明るく陽気な雰囲気の色が集まったグループです。スプリングタイプの方はいつまでも若々しく、フレッシュでキュートな雰囲気を持っています。性格は陽気で社交的。エネルギッシュでストレートに表現する方が多いです。

「サマー」は、強い陽射《ひざ》しを受け、まわりの景色が白くかすんで見えるような、優しい色が集まったグループです。梅雨《つゆ》の時期に咲く紫陽花《あじさい》のような優しい色が含まれます。サマータイプの方はソフトで優雅、エレガントな雰囲気を持っています。性格は、穏やかで優しい、聞き上手さんが多いです。割合保守的でおとなしい方々です。

「オータム」は、木々の葉が色づき、やがて黄金の実りがもたらされる、自然の豊かさを感じさせる色のグループです。深く、リッチで渋めの色味が特徴です。オータムタイプの方はシックで大人っぽい雰囲気、エキゾチックな雰囲気、またリッチな印象も持ち合わせています。落ち着きがありますが、気さくで社交的な面もあります。リーダーシップ能力が高く、キャリア志向の方が多いです。

「ウィンター」は、夜空に輝く星や純白の雪、夜のキラキラ輝くライティングを連想させる、華やかな印象の色のグループです。濁りがなくて鮮やか、ドラマチックな色味が特徴です。ウィンタータイプの方は都会的でシャープ、クールな印象を持っています。知性派で感性が鋭く、わが道を行くタイプ。シャイだけれど、大胆な人が多く、どこにいても目立つタイプです。


カラー診断をしていると、**ある色が似合う方は、それを着こなせる性格も兼ね備えている**ことに、いつも感心します。たとえば鮮やかな色は、目鼻立ちのはっきりしたお顔立ちの方に似合い、それを着こなせる性格も兼ね備えています。また逆に、おとなしいお顔立ちの方は、優しい色や上品な色がよく似合い、性格もおとなしく控えめな方が多いということに気づかされます。

色はとても正直で奥が深いもの。そう考えると明日からのファッションの色選びも楽しくなってきませんか。

8 「10年ものだから」「一生ものだから」の誘いにはご用心

「10年ものだから」「一生ものだから」いいものを買っておいたほうがいいよ、と言われたことはありませんか。そう言われて買ってみても、3年ぐらい経《た》つと、「やっぱり何かちょっと古いな」とか、「ボンヤリしてきたかもしれない」と思うことはないでしょうか。

それは、服のシルエットが毎年微妙に変化しているからです。「流行は繰り返す」と言いますが、売る側は、前の流行のときとは微妙にシルエットを変えてつくっています。長く着られるからとシャネルスーツを無理して買っても、10年はもちません。もちろん体型が変わらなければ着られますが、なんとなく着てみておかしい感じになります。どんな定番商品であっても、微妙にデザインが変わっていくのが洋服なのです。お店の側に立って考えてみたら当たり前のことです。

たとえば男性用のスーツ。バブルの頃は、みなさん、肩パッドが盛ったように入ったダブルのスーツでしたが、最近では日本でも、細身のシルエットのスーツがトレンドです。

今は昔に比べれば、ひとつの流行にみんながなびくということは少なくなりましたが、やはり私たちは「流行」に操られていて、そこから自由になるのはなかなか難しいものです。

「高かったから、お直しに出してもう一回着よう」と思っても、全体のシルエットが崩れてしまうため、リメイクはなかなか難しいものです。ですから**洋服は、ある程度消耗品と割り切るべき**でしょう。

男性でも女性でも、スーツやそれに準じる洋服は、ある意味ユニフォームと考えましょう。1年で何回着るのか。クオリティが高く高価なものでも、日割り計算してみたら、コストパフォーマンスが高く、十分に元が取れるものです。

9 店員さんの「お似合いですよ」にもご用心

試着室のカーテンをサッと開けた瞬間の、店員さんの「お似合いですよ」というひとこと。それを信じて買ってしまい、家に帰って着てみたら、なんだか似合わない……。そんな経験は誰でもしているのではないでしょうか。

めったにいないとは思いますが、もし、「イマイチですね」「やめたほうがいい」「似合っていませんよ」と言ってくれる店員さんがいたら、逆に信頼してもいいかもしれません。

自分で似合う、似合わないを判断するのは、なかなか難しいものです。狭い試着室で着替えなければいけないので慌てるし、鏡を見てもよく分からないし、店員さんから褒められると買わなければ悪いような気がしてしまう……。

私はお客さまのショッピングに同行する場合、試着して似合わないときは、即、首を振ります。すると店員さんはそれ以上、何も言わなくなります。私に決定権があると察すると、次からは、「これはどうですか」と私のほうに持ってきてくれます。そうなると、その場の空気に流されて買ってしまうという失敗は、少なくなります。

誰かにショッピングについてきてほしいと思うとき、女性だったら友達、男の人なら奥さんか彼女が一般的でしょうか。ところがここにもちょっとした罠《わな》があるのです。たとえば娘がお母さんと一緒に買い物に行ったら、コンサバティブな服しか認めてもらえなかった、という話はよく耳にします。母親の「娘にこんな格好をさせたい」という思いは、すごく強いものがあります。特に世代が上になればなるほど、ファッションの許容範囲は狭くなります。

母親だけでなく、付き合いの長い友達にも、似たようなところがあります。

高校時代からの親友で、あなたのことをよく知っている人と一緒にショッピングに行ったとしましょう。友達は、高校生のときのあなたの、元気でカジュアルな服が似合っていたイメージを今も持ち続けていたりするもの。

もし私が同行したら、ドレッシーな服をチョイスしたかもしれないのに、友達の記憶にはあなたのカジュアルなイメージがあるので、あなたがドレッシーな服を手にとっても、「なんだかあなたらしくない」「あなたのイメージではない」と否定してしまうのです。

誰かに洋服選びのアドバイスをしてほしいときは、誰にアドバイスしてもらうかを、じっくり考えましょう。恋人と出かけたら、相手好みの格好はできるかもしれませんが、それは必ずしもあなたの魅力を引き出してくれるとは限りません。

最近は、イメージコンサルタントや、パーソナルスタイリストなど、ショッピングに同行してくれる人も増えています。**洋服選びに迷ったり、いつも着ている服にマンネリを覚えたら、一度、プロの力を借りてみる**のもおすすめです。

10

洋服選びにアドバイスしてもらうなら複数の人から

プロに頼むお金も時間もないなぁという場合には、複数の人からアドバイスを受けることをおすすめします。有益な情報がたくさん得られます。

私は、ふだん着る服を買うときは、数着試着して、ぱぱっと短時間で決めてしまいますが、パーティーのような場で着るドレスは、数点選んで、多くの方にリサーチします。イメージコンサルタントも人の意見を聞くんですか？　と驚かれるかもしれませんが、大勢の人の目に触れるものは、好感度が高いものにしたほうがよいからです。

たとえばあるパーティーでロングドレスを着るとなったら、自分でだいたい4着ぐらい候補を絞り、着たところを写真に撮り、ＬＩＮＥで老若男女を問わず10〜12名くらいに送ります。それで「どれがいい？」と意見を聞く。するとおもしろいことに、全員一致で「これがいい！」と決まったりします。

「あなたのイメージはこうだけれど、私はこれを着てるあなたのほうが好き」などと、けっこう的確なコメントがもらえることもあります。

意見を聞くのは洋服だけではありません。人前に出る仕事をしている人にとって、プロフィール写真はとても重要なので、自分の写真を選ぶ際は、多くの方の意見を聞きます。

これは私のケースですが、男性陣は、優しそうに写っている写真のほうを褒め、女性はいかにもニューヨーク帰り風の強そうなイメージを支持するということが分かりました。見てほしい人が男性なのか女性なのか、その時々の狙いによってプロフィール写真を替えればいいということです。これもいろいろな属性の、複数の人にリサーチしたからこそ分かったことです。

イメージコンサルティングを受けるとき、「自分が誰に、どう見られたいか」というコンセプトをはっきり決めるのは不可欠な作業です。その際、こうなりたいと決める前に、今の自分がまわりの人からどう思われているかを把握することは、大切なプ

ロセスです。イメージコンサルティングを受けるお客さまに、私は事前に、

「あなたはまわりの方たちからどういうイメージを持たれているか、聞いてきてください」

という課題を出します。

そんなこと自分で分かっていると思うかもしれませんが、案外思ってもみなかった印象を与えていることがあるものです。残念だったり、嬉《うれ》しかったり。ぜひ一度聞いてみることをおすすめします。できれば**女性は男性を交え、男性は女性を交えて、年代を問わず、いろいろな人の意見を聞いてみましょう**。その際は、お世辞ではなく本音で話してくれる人をしっかり交ぜてくださいね。

11

サイズ表示はメーカーからのお世辞です

いつも買っているメーカーではMサイズなのに、別のメーカーの服を試着してみたらSサイズだった。痩せたのかしらと思って嬉しくなってしまった、という経験はありませんか?

実はメーカーのサイズ表示ほど、あてにならないものはありません。

私が152センチと小柄な女性のショッピングに同行したときのことです。アメリカンのとあるブランド店に行ったところ、Sサイズの下にXSサイズとか、Pサイズがありました。結局、彼女はPサイズに相当したのですが、これではSサイズの意味がないと思いませんか。

これはどういうことかというと、メーカーからのお世辞なのです。

アメリカにはものすごく太った方が多くいます。正直にL、LL、XLと書くと気分を害されてしまいます。だからアメリカでは「大きめ」を「標準」にしてしまっているのです。アメリカのメーカーのSサイズは、日本のMサイズか、ときにLサイズだと思ってくださって大丈夫です。

お世辞と言えば、日本のメーカーも同じです。たとえば「ウエスト60」と表示してあっても、実際の寸法は67センチだったりします。これも**気分よく買ってもらうための表示のマジック**です。

サイズ表示というのは、それぐらいあてになりません。サイズ表示だけを見て、試着せずに買ってしまうのは失敗のもと。試着ができないネット通販の場合は、サイズの実寸や素材が詳しく表示されているショップ、また返品や交換がしやすいショップを選びましょう。

12

美しさの決め手はスリーサイズではなくバランス比

美しく見えるスリーサイズは？　と聞かれると、グラビアアイドルのような数値を思い浮かべる方が多いかもしれません。

でもそれは日本人が大好きな数値のマジック。背の高さや骨格は一人ひとり違うので、グラビアアイドルとスリーサイズが同じでも、一概に美しいとは限らないのです。

海外では体重計がない家がほとんどですし、あったとしても体脂肪や体内年齢まで出てくる精巧なものにお目にかかることはありません。自分の体重を知らない方もたくさんいます。体重は単なる数字。美しさを決めるのは、あくまで見た目やバランスだからです。

「ヒップが大きくて、嫌なんです」

これは多くの女性のお客さまが、体型診断の際におっしゃること。

でも私は日本で、そうおっしゃっていて実際にヒップが大きすぎる女性に、一度もお会いしたことがありません。

逆にアメリカや南米で、最近流行《はや》っているのが、お尻にお肉をつける整形手術。ジェニファー・ロペス並の大きいヒップに憧れている方は実に多いです。

ヒップが大きければ、またバストが大きければ、どんな太ったお腹《なか》もくびれて見えるものです。

アメリカの大学の研究調査で、**ウエストとヒップの差が大きければ大きいほど、男性は女性に魅力を感じる**と言われています。その**黄金比は7：10**。

マリリン・モンローやオードリー・ヘップバーンはその比率だったとか。

英国のスチュアート・ブロンディ教授の最新の研究によると、女性のウエストが細いと男性は性機能障害を患いにくく、満足度も高くなる傾向にあるということが判明したそうです。ウエストとヒップ、ウエストとバストの比が大きいほど、男性は本能的に、健康な子どもを産んでくれそうだと感じるのだそうです。

米国のピッツバーグ大学とカリフォルニア大学サンタバーバラ校の合同研究チームからも、とても興味深い研究結果が発表されました。1・7万人の少女と成人女性を調べた結果、ウエストがくびれている女性ほど、認識力テストの成績が優秀だったそうです。

そのからくりは、ヒップと太ももにつく皮下脂肪と腹部につく皮下脂肪の種類の違いにあると考えられています。ヒップと太ももにつく皮下脂肪は、胎児の脳が発達するうえで必要なオメガ3脂肪酸の含有率が高く、脳の発達が促されたのではないかということ。

女性のみなさま、ヒップが大きいからと無理なダイエットをするのでなく、**大きめヒップは女性の魅力**と、もっと自信を持ってくださいね。

またぜひ、ウエストとヒップのバランス比も測ってみてください。バランス比を知ることで、どのような形の洋服を着たらより美しく見えるのか、そして、トレーニングをするとしたら、どこのお肉を絞るべきか、どこにお肉をつけるべきかも分かります。

13

プロフィール写真は「自分に必要なイメージ」を考えて決める

私の講座を受けに来てくださった20代の女性。白目を剥《む》いている写真を、フェイスブックのプロフィール写真にしていました。

彼女いわく、「これなら印象に残るし、絶対忘れられないでしょう」。たしかに忘れられない一枚です。

私が「そうかもしれないけど、この写真はいかがなものかしら」と言っても、日頃から自分の意見がはっきりしている方なので、「この表情が私らしいんです」と言って譲りません。

そこで私は、「もったいないなぁ」とお伝えしたのです。

「私はあなたという人を知っていて、あなたがとても真面目で知的な女性と分かっているけれど、あなたと会ったことのない人は、この写真のあなたしか知らないわけでしょう。お笑いタレントなら別だけれど、普通は、こういう写真の人と友達になろうと思う人は少ないいんじゃないかしら？」

彼女はもともとても頭がよく、理路整然と自分の意見を相手に伝えられる人です。それなのに白目を剝いた写真では、本来の知的なイメージとは正反対。洋服選びのところでもお話ししましたが、内面と外見のギャップがあまりにも大きい人は、信頼を得るのが難しくなります。

こんなケースもありました。女性経営者のお客さまが、私のアドバイスにしたがって会社のウェブサイトに載せるプロフィール写真を替えたことがあります。するとしばらくして彼女が、「今までの友達に見せたら、『これはあなたじゃない』『ふだんのあなたのほうがいい』と言われてしまった」と気にしていたのです。

ふだんの彼女は化粧っけがなく、シンプルな服を好み、とてもおとなしい印象。でもよく見ると肌はきれいだし、着ている服もとても素材のいいものです。ただそれは小さな顔写真では伝わりません。

彼女は男性向けの洋服を売っています。そこで私は、彼女がそれにふさわしいファッションセンスを持っている人だということをアピールするために、個性の強いメイクと髪型でプロフィール写真を撮ってもらいました。そのため、古くからの友達が違和感を覚えたのでしょう。

でも「これはあなたじゃない」と言う古くからの友達は、彼女が扱うメンズ向けの服を買ってくれる人でしょうか。大事なのはビジネスのターゲットである男性たちが、「この人が扱う服ならおしゃれに違いないし、アパレルの世界に通じているだろう」と思ってくれることです。**仕事用のプロフィール写真では、そこまで戦略的に考えることが必要**なのです。

人の意見を聞くことは大事。他人が自分をどう見ているかを理解することも大事。だけれど、人に流されてもいけません。集まった意見や情報を総合して、どうやったら、自分の必要としているイメージに近づくことができるのかを、考えてみてください。最後に決めるのは自分。そう、あなた自身です。

14

「第0印象」でチャンスをつかむプロフィール写真とは？

《1　見た目重視の「見た目主義」を楽しみましょう》でもお話ししましたが、フェイスブックや交流サイトを利用する人が増え、第一印象以前の「第0印象」の重要性が叫ばれるようになりました。プロフィール写真や、ネットでの評判など、**実際に会う前の「第0印象」で、集客も出会いも就職も決まってしまう**、と言われています。

私も毎日、フェイスブックで多くのお友達申請をいただきますが、最初に見るのはプロフィール写真。実際にお会いしたことのない方の場合、これが第0印象にあたります。

第一印象の前の第0印象が悪ければ、みなさん、お友達にはなりたくないですよね。ぼけていてよく分からない。写真写りがとても悪い。表情が険しい。正面を見ていない。飲み会のときのスナップ写真。ときには人物以外のモノの写真なども。これらは絶対NGです。このような写真を使っている方は、素敵な出会いやビジネスでの貴重なチャンスを逃している可能性があります。

プロフィール写真の基本は、**ちゃんと正面を見ていること、笑顔であること、画像がきれいなものであること**。

ビジネス用なら、自分の仕事のターゲットは女性なのか男性なのか。扱っている商品やサービスの魅力をどう自分のイメージに結びつけるか。ウェブサイトやブログの画面の色味との兼ね合いなども考慮に入れて、洋服の色、髪型などを決められればベストです。

婚活が目的なら、あなたの魅力のどこをアピールしたいのか。どういった男性とお付き合いしたいのか。そのうえで、メイク、髪型、洋服を選ぶ必要があります。

ただ、「この人と会いたい」と思われるプロフィール写真づくりは大切なのですが、最近はかなり手を加えて、写真のほうが実物よりはるかによいケースもあるようなのです。

私のところにコンサルティングにいらしてくださった婚活男性の話です。待ち合わせによく使われる都内の有名ホテルでは、同じ時間に数組から10組以上の待ち合わせがあるそうなのですが、多くの男性が、写真と実物があまりにも違っているため、お相手の女性が分からず、きょろきょろ状態とのこと。これはちょっと悲惨です。

「会ってみてがっかり……」とならないためには、ふだんの自分をプロフィール写真に近づける努力も必要です。

「プロフィールを見て、ぜひ会いたいと思いましたが、会ったら、もっと素敵でびっくりしました」。そんなことを言ってもらえたら最高ですね。

15

髪型を利用して顔の黄金バランスをつくりましょう

似合う髪型は、顔の形で決まるとよく言われます。それは正しいのですが、実際はもうちょっと奥が深く、目や鼻、口などのパーツの位置や大きさ、形も影響します。自分に似合う髪型をどのように見つければいいのか、基本的な考え方についてお話ししましょう。

そもそも髪型が似合うとはどういうことでしょうか。

顔の形やパーツの配置には、美しく見える黄金バランスがあります。まず物差しを用意して、顔の3つの部分がそれぞれ何センチあるか測ってみてください。まず髪の生え際から眉頭《まゆがしら》まで、次に眉頭から鼻下まで、そして鼻下から顎先《あごさき》までです。

一般的には**この長さの比が1：1：1だと、バランスがいい**と言われています。たとえば髪の生え際から眉頭までが7センチ、眉頭から鼻下までが7センチ、鼻下から顎先までが7センチというように。

ですからもし額が5センチくらいしかなければ、額が他に比べて狭いということなので、どことなくアンバランスで、パーツ全体が上に寄っている印象を与えます。そういう人が、前髪をぱっつんと揃《そろ》えて切って、分厚く下ろしてしまうと、ますますアンバランスさを強調することになります。

このような場合は、髪を斜めに下ろして額の一部を見せるとか、前髪をつむじ近くから長めにつくったりすることで、「髪を上げたら広い額があるのかな?」と錯覚させることができます。

また丸顔が気になっている場合は、前髪をアップにし、高さを出して結んだり留めたり、トップの髪にボリュームを持たせることで、頭全体が細長い形に見えます。

逆に面長《おもなが》が気になる場合は、トップを上げずに前髪を下ろすことで、顔全体の長さが短く見えたりします。

横のバランスも重要です。鏡を見ながら、顔の正面の横幅を測ってみてください。右目と左目の間の長さ、目の幅、目尻から耳までの長さ。これも一般的に、この長さの比が1：1：1だと、バランスがいいと言われています。

顔の横幅が狭い縦長さんの場合、ストレートのロングヘアにすると、寂しい印象や老けた印象を与えるので、横にボリュームを持ってくるような髪型がおすすめです。

横幅を測ると、自分の目の位置が中心に寄っているのか、離れているのかも、よく分かります。アイラインや眉頭の位置を変えることで、バランスをよくすることができます。

また年齢によっても似合う髪型が違ってくるのをご存じですか。

たとえば年齢を重ねると、眼瞼下垂《がんけんかすい》とまではいかなくても、まぶたが下がってきて、眉と目の間が広がってしまう方が多くいらっしゃいます。また頬《ほお》の筋肉がたるんで下りてくるので、顔が四角くなってきます。そんなとき、髪のボリュームが下のほうにあると、さらに顔が下がって見えてしまうということもあります。

髪は「顔の額縁」。美人に見せるためには、髪型7割とも言われています。

髪は、カラダのパーツの中で、長さもボリュームも色も、唯一手軽に変えることのできる部分です。美しく見せるテクニックを利用して、自信の持てない部分を補っていきましょう。

16

ツヤのない髪は8歳老けて見えます

これから恋愛も仕事も頑張りたいと言ってイメージコンサルティングにいらしたシングルマザーの女性。性格は男前ですが、お顔立ちはどこかはかなげで色っぽいので、男性にモテそうなタイプ。

ただ髪の毛が傷んでいて、ツヤ感がないのが残念でしたので、思いきってオールバックにして結んでいただきました。そうしたら、もともとのお顔立ちの美しさが際立って、より若く見えるようになりました。

カラーリングや紫外線、シャンプーなどによって傷んだ髪は、多少時間はかかりますが、お手入れによって復活できます。

年齢が上がると、女性の髪の毛のツヤはどんどん失われていきます。髪はお顔の額縁。**ツヤがない髪だと、8歳以上も年齢が上に見える**という統計もあるくらいです。逆に髪にツヤがあれば、それだけで若く見えるということになります。

もともとツヤのない髪や、年齢のためにツヤ感が失われた髪は、美容師さんに相談して、カラーリングの色あいや明度でツヤを与えてみましょう。

日本人に合うカラーリングの明度は6から8くらいと言われています。

私のところにいらっしゃるお客さまで、明るい色にすれば若く見えると思って、かえって老けて見えたり、安っぽく見えてしまう方がいます。私のところでは、パーソナルカラー診断の際に、髪色診断も行っていて、その方を美しく見せる髪色をお伝えしています。

一般に5~7レベルの低明度にすると、輪郭がはっきりするので、引き締まった大人っぽい印象になります。また、ダークトーンのほうが、実は肌は白く見えます。逆に9レベル以上の高明度だと、肌と髪のコントラストが低くなり、顔が少しぼけて見えます。

また髪が退色して明るくなると、赤味が目立って汚く見えてしまったり、髪の傷みも目立ちやすくなります。退色しやすい方には、ダークトーンでのカラーリングをおすすめします。

自分の髪の色やパーソナルカラー、肌の色味によって、似合う髪の色味や明度は変わってきますので、ベストを探してみてください。そして、どんな髪の色でも、ツヤを出すお手入れをお忘れなく。

17 上手にイメチェンするメガネ選び、3つのポイント

メガネ女子が人気ですね。

メガネをかけることで知的に見えたり、かわいく見えたり。目の小さい方も、メガネをかけると、その印象が薄まったりします。

女性は、すっぴんでもメガネをかけると顔が隠せるからという理由で、伊達《だて》メガネをかけている方も多いのですが、男性は、メガネを外したときとのギャップに惹かれてメガネ女子が好きなのだとか。

私のところにも、メガネを選んでくださいというご依頼は、とても多いです。

選び方のポイントを3つお教えしましょう。

まず**顔の大きさに合わせる**こと。お顔の大きい方は横幅がしっかりあるものを、お

顔の小さい方は、小ぶりをおすすめします。また顔の長い方は、天と地の幅が長めがよいですね。

形もとても重要です。丸顔の方は丸型のメガネは避けましょう。逆に骨格がしっかりしていて骨っぽい方の四角メガネはNGです。またサイドが上がっているものは、ちょっときつく見えるので、甘口のお顔立ちを引き締めたい方にはおすすめです。

サングラスなどレンズに色がついているものは、**髪の色と肌の色に合わせて選びましょう**。髪や肌が明るめの方は明るめのもの、暗めの方は濃いめのサングラスがお似合いです。

最近は、メガネもデザイン性が高いものがたくさんあり、値段も下がっています。見せたい自分を演出する小道具として、ぜひ活用していただきたいと思います。

18

美人眉の決め手は「眉と目の間を狭く描く」こと

「眉を描くの苦手なんです」という方、多いですよね。

私も例にもれずで、昔の写真を見ると、眉のひどい形にドッキリします。ニューヨークにいたとき、美術大学のデッサンのクラスを取っていたのですが、今の眉毛を描くのに生かされています。そのとき使用していたエボニー鉛筆は、今もお客さまの眉の輪郭を描くのに重宝しています。

美人に見せる眉の描き方のコツは、眉と目の間を狭く描くこと。そのほうが男性にモテるという調査結果もあるくらいです。日本人の顔は欧米人に比べて平坦なため、眉と目の間が広いと、どうしても間が抜けた顔に見えてしまいます。

ですから眉を描き足すときは、目に近くなるように**必ず下に描き足す**こと。額が狭いのなら、眉山を高く描きすぎないこと。額が広いなら、眉山は高めに描くのもおすすめです。

眉の形は時代の象徴のようなところがあります。太眉が流行ったり、細眉が流行ったり、直線眉が流行ったり。なんだか古いなぁ、垢抜けないなぁと見える方は、眉の形が今どきでないことがよくあります。

ファッションではあまり流行を追わないことをおすすめしている私ですが、眉に関しては、自分の顔の骨格を生かしつつ、流行を取り入れるのがいいと思います。

またメガネをかける方は、メガネのフレームと平行になるように眉を描いてみてください。きっと「メガネが似合いますね」と褒められるはずです。

19

目指すのは「若づくり」でなく年齢不詳の「若々しさ」です

アラフォーとかアラフィフとか、女性を年齢でカテゴライズすることは、外国ではまずありえません。が、あえてここでは、アラフォー以上、「成熟した女性」のファッションについてお話ししたいと思います。

私のところには、年齢を重ねていくうちに、体型は変化するし、今まで身につけていた色は似合わなくなるし、自分にどの服が似合うか分からなくなってしまいました、と悩む方が多くいらっしゃいます。

〝若づくり〟と〝若々しい＝年齢不詳〟はまったく別のことなのですが、「若い＝未熟」であることがもてはやされている日本では、内面の成熟を隠すような格好をされる方をよくお見かけします。

たとえばかわいいファッション。自分の個性として、自分らしく着こなしている方はとても素敵に見えるのに、若く見られたい気持ちが前面に出て、格好だけ昔のままを続けているような人に、まわりはかなりの違和感を覚えるものです。

50代の女性が、20代の子が着るワンピースを着ていれば、どんなに顔にメスを入れ、注射もして若く見せていても、なかなか美しくは見えないでしょう。

リボンやレースが大好きなら、年齢相応のリボンやレースの形があるはずです。自分の個性として着こなせる「かわいさ」を探しましょう。

目指せ、年齢不詳の女。あなたのまわりの「年齢不詳で素敵な女性」を、ぜひお手本にしていただきたいと思います。

20

美人はやらない、洋服選び3つのNG

ここまでお話ししてきたことのおさらいも兼ねて、洋服選びのうえで、「女性がしてはいけない3つのNG」をまとめてみました。

①流行を追いすぎる

まず流行についてです。ファッションには流行がつきものですが、私は、流行とは一定の距離を置いて付き合いましょう、と考えています。

なぜなら流行というのは、個人の体型を無視したものだからです。ある人には似合うかもしれないけれど、自分に似合うとは限りません。そこをよく考えずに「流行っているから」という理由で着ても、スタイルがよく見えなかったり、垢抜けなかったりするケースがよくあります。

たとえば夏から流行っているガウチョパンツ。これが秋冬物でも出回っています。男性に「非モテダントツNo.1」と言われるのには理由があります。

まずスタイルがよく見えない。下半身が太く見える。足が短く見える。そしてセクシーに見えない。

でも、流行っていたら、とりあえず試してみたいと思うのが女心。来年の今頃は着ていると古いと思われてしまう可能性があるファッションは、まずはお値段が抑えめのファストファッションなどで購入しましょう。それがまわりの方々から素敵と言われるようだったら、あなたの今後のワードローブに取り入れてみていいでしょう。そうでないなら、女子会などに着て行って、流行を思いっきり楽しみましょう。

②自分の体型を知らない

私は「ミス〜」という肩書をお持ちの方々とご一緒に仕事をする機会がよくあります。同じワンピース一枚でも、こういうモデル体型の方々が着ると、まったく別なものに見えてしまう。でもモデルさんは、体型そのものが才能なのだから、比較をしても仕方ありません。

では一般の私たちがするべきことはなんでしょうか？

それは、自分の体型を知るということ。

日本は手鏡文化の国で、小さな鏡で自分を見て、全体のバランスを考えない方が多くいます。家に最新の体重計は置いてあっても、全身が映る大きな鏡はないのです。

モデル体型にはほど遠くても、自分の体型と向き合えば、チャームポイントにできる点が必ず見つかります。

手首がきれいなら、7分袖を着て、強調させるようなブレスレットを巻きつけてみるのもいいでしょう。

実はヒップがご自慢なら、お尻のポケットに刺繍《ししゅう》がある、フィットしたパンツをはいてみるのもおすすめです。

足が短いけれど、今年流行のワイドパンツをどうしてもはきこなしたいなら、上げ底のヒールで足を長く見せてはいてみてください。

おしゃれで素敵な人というのは、体型のコンプレックスを上手にカバーしている人、自分の体型を熟知している人です。

まずはお家《うち》に大きな鏡を置くことから始めましょう。

③内面と外見がちぐはぐ

してはいけないことの3つめは、自分の内面や職業と違った方向の服を着ることです。

たとえばなんでもバシッと言ってしまう性格なのに、レースやひらひらしたフリルやリボンが目立つ服を着るというような場合。周囲の人は明らかに混乱します。違和感を覚えるだけでなく、警戒心すら抱《いだ》かれてしまうかもしれません。

かたい仕事をしているのに、キャバ嬢にしか見えない場合も、他の方からリスペクトされることは難しいかもしれません。キャバ嬢っぽい服装がいけないというのではありません。その人にとって正解でないだけで、本当のキャバ嬢ならそのような服装が正解だからです。

マナー講師など講師と呼ばれる方々の服装が、妙にラブリーだったり露出度が高かったりしても、生徒さんたちは困惑して、質問をためらうものです。

その点では、極端な若づくりも同じです。

最近は娘さんの服を着て、「姉妹みたい」と言われて喜んでいるお母さんもいます。でも、40代で20代の娘と同じ格好をするというのは、内輪ではよくても、社会的に見れば、かなりちぐはぐであることに気づくべきなのです。

その人が持っているもの、それは、お顔立ちだったり、体型だったり、パーソナリティだったり仕事だったり。そして人生をどう生きてきたのかの知性やスタイル。洋服はそれと同じベクトルで、その人の持っているものをより引き立てるものであるべきです。

「もう何歳だからこういう服はおかしい」と自己規制する必要はまったくありません。でも、自分らしさにちゃんと向き合えば、「若づくり」ではなく、「年齢不詳」のファッションに行き着くはずです。

PART 2

コミュニケーション編

21 コミュニケーション上手になるには、まず褒める

私たちは存在価値を認められたい生きものです。だから自分の話を一生懸命聞いてくれると、自己受容感が満たされて、話を聞いてくれた相手に好意を抱きます。

ニューヨークで実感したのが、みんなとても褒め上手なことです。とるにたらない、ちょっとしたことでも、まめに褒める。そして褒められた人は、本当に嬉しそうに「ありがとう」と言えます。

その点、日本人は褒めるのが下手だなぁと思います。それは褒められて育ってこなかったから。だから、褒められると何か下心がありはしないかと考えてしまったり、相手を褒めるといやらしく思われないかと心配してしまったりするのです。

でも褒められるということは、素直にとても嬉しいものです。だから、ニューヨー

カーのように、「今日のあなたのそのネイル、すごく素敵よ」とか、「私、その髪型好きだわ」と、人のよいところをたくさん探せる人間でありたいと思うのです。

彼らは友達同士でも頻繁に褒め合うし、職場でも近所の人でも褒め合います。もちろん家族のあいだでもそうです。

たとえば親が子どもによく言うフレーズに、「**I'm proud of you.**」という言葉があります。これは日本語に訳してしまうと、「私はあなたを誇りに思う」となりますが、実際は「よくやったね」というほうが近いでしょうか。「私はあなたがした行為やあなた自身によってすごく高められた」とか、「喜びを与えられた」という意味なのですが、とても美しい言葉だなぁと思います。

私も自分の子どもには、ことあるごとに、「I'm proud of you.」と言うことを心がけてきました。

褒められて育ったアメリカの子は**独立心が強くなる**し、まだ小さな子でも、**自分を誇りに思って生きられる**ところがあるように思います。

残念ながら日本は、長所よりは短所を数えて、そこを矯正しようとする文化なので、子どもはプレッシャーを与えられて育ちます。テストで100点を取ったら「当たり前」で、80点なら、「どこを間違えたの？」と聞いてしまうご家庭が多くないでしょうか。

あちらでは、子育てにおいて、短所を取り上げることを上手に避けます。たとえば小学生でも、学校でプレゼンをさせられるのですが、話す内容を急に忘れて泣いてしまう子がいます。そのような場合も、「よくやった」「あなたが頑張っていたことを誇りに思うよ」と、いいところを見つけて褒めるのです。

これに対して、日本の小学生は、野球で三振すると、コーチから「バカ野郎！」などと言われます。アメリカの褒めて伸ばす教育に慣れた親からすると、これは言語道断です。私の友達は、日本に帰って子どもが野球のコーチに怒鳴られたといって、怒り心頭に発していました。

あちらでは仮に三振しても、「Good eye！」と言います。球をよく見ていたから、振れなかったんだね、と励ます。たとえ失敗してもポジティブに、その中からいいところを見つけるのです。だから失敗した子どももあまりしょげません。

もちろん悪いことをしたときは叱《しか》りますが、感情に流されて怒るのでなく、叱った理由を教えます。私が知っている富裕層の方たちは子どもの叱り方も知的で、たとえ子ども相手でも、できるだけ多くの言葉で説明し、説得していました。

「分かってちょうだい。ママが言っている意味はこういうことなの」

「パパはこう思うけれど、○○はどう思う？」

という感じです。

アメリカの人たちは、スーパーのレジで並んでいるときなどでも、前にいる知らない人をいきなり褒めたりします。「あなたのそのバッグいいわね」という調子です。

暇つぶしに褒めているのかもしれないけれど、褒めるということがそのぐらい自然にできているのにはいつも感心します。

22

相手が努力しているポイントを褒めましょう

私たちもニューヨーカーのように、相手を褒めたいところですが、これがなかなか難しいもの。

日本では、相手の外見に関することは、たとえ褒め言葉であれ、触れないほうがいいという空気があります。でも、本当にその人がすごく似合った格好をしているとか、前回会ったときとまったく変わっているようなときは、褒めてあげるべきだと思うのです。

その一方で、何も褒めることがないからといって、見た目の分かりやすいところだけ褒めると、ちょっと歯が浮いた感じになってしまう。**その人が努力している部分を見つけて褒める**のが、相手は一番嬉しく心地よいはずです。

会社でも、上司が率先して部下を褒めることで、職場の空気はイキイキとしてきます。

ただし男性上司が部下の女性を褒めるときは、外見などを取り上げてセクハラにならないよう、注意しましょう。人間関係ができていれば、そうはならないでしょうが、女性の受け取り方次第では「えっ、私のことじろじろ見ていたんだ」と思われないとも限らない。そのあたりはアメリカ人でも注意していることです。

人間は基本的に、相手のことを好きでないと褒められません。身近な人でも、初めて会った人でも、**「相手のよいところを5つ見つける」**といったクセをつけるといいかもしれません。この人のここが素敵とか、私はこの人のここが好き、というように日頃から心に留めておかないと、褒め言葉は急には出てきません。

ふだんから相手をよく観察し、「この人は何に力を入れているのかな?」というように、相手が努力しているポイントを見抜くのが大事。

今日から相手のよいところを見つけることを習慣にしましょう。

23

同性から言われたい言葉、異性から言われたい言葉はこれ!

褒め言葉を見つけるポイントは、「観察」です。相手が何にエネルギーを割《さ》いているのかをまず見つけること。それには相手のことを注意して見ていなくてはなりません。

外見を磨くことに情熱を注いでいる女性であれば、「きれいですね」と褒められると一番嬉しいものです。他の人たちが居心地よく過ごせることに生きがいを感じ、常に心を砕いている人であれば、「あなたは本当に気がきくよね」と言われたいでしょう。

褒めるべきポイントは、人柄、外見、行動、能力です。

男性と女性では、言われて嬉しい褒め言葉が違います。私がリサーチしたところ、男性が女性に言われて嬉しいのは、「**頼りがいがある**」「**勇気がある**」「**決断力がある**」「**潔い**」「**リーダーシップに秀でている**」「**頭がいい**」「**先見性がある**」というように、内面に関することでした。

男性同士はあまり褒め合わないらしく、男性が男性に言われて嬉しい言葉はほとんど出てきませんでした。

おもしろいことに、女性が女性に言われて嬉しい言葉と、女性が男性に言われたい言葉は傾向が違いました。

女性が同性から言われたいのは、「**かっこいい**」「**おしゃれ**」「**素敵**」「**センスがいい**」「**きれい**」「**笑顔がいい**」など。「かわいい」ではなく、圧倒的に多かったのが「かっこいい」です。

女性は同性から、見た目だけでなく、内面も含め、自分という人間の全体を認めてもらえると嬉しいようです。

女性が男性から言われて嬉しい言葉には、「**優しい**」「**スタイルがいい**」「**センスがいい**」「**気配りできる**」という言葉に加えて、「**かわいい**」が入りました。

つまり女性は女性からは「かっこいい」と言われたい。男性からは「かわいい」と言われたい。女性は男性からは女性性を、女性からは男性性を認められると嬉しいものなのかもしれません。

先日、70代の女性のお客さまが言っていたのは、「この年齢になると、きれいと言われても嬉しくもなんともない」ということです。

私はちょっと意外だったので、

「えっ、そうですか？　そんなことないでしょう」

と言いましたが、彼女は、

「ううん。それこそ歯が浮くお世辞みたいな感じでしょ。むしろ今はかわいいと言われるのが嬉しいわ」

と言っていました。たしかに年を重ねれば重ねるほど、その人の生き方やスタイルが顔に表れてきます。英語の「charm」は、人を操る、誘惑するという意味。チャーミングな人は、魅力で人を惹きつけます。何歳になっても、同性からも異性からもチャーミングな女性と思われたいですね。

24

褒められたら「そんなことないよ」と否定しない

日本に褒める文化がないということは、褒められるのも苦手な人が多いということです。

よく、褒めると全力で否定してしまう人がいます。

たとえば「それ、素敵ね」と持ち物を褒めると、「ううん、こんなの、すごい安物なの！」と否定の言葉が返ってくることがあります。照れているのは分かりますが、あまりにも**思いきり否定してしまうと、せっかく褒めてくれた相手の好意を無にする**ことになります。

「嬉しいなぁ。ありがとうございます」とか、「もっと頑張ります」とか、そんな感じで受け止められる、褒められ上手の方は素敵ですよね。

褒めるほうも、褒められるほうも、お互いにトレーニングが必要なようです。

私もそうですが、なにしろほとんどの日本人が褒められて育っていない。「ここがダメ」「ここが足りない」と指摘されて育つと、どこまでいっても満足できない完璧主義者になってしまいがちです。私もニューヨークではよく言われました。

「ユミコはパーフェクショニストすぎるよ。それを求めるのをやめなさい」

パーフェクショニストとは、完璧主義者のことです。当時は何を言っているのかと思いましたが、日本に帰ってくると、大勢のパーフェクショニストがいて、アメリカの友人たちの気持ちがよく理解できます。

まずは人のよいところを認めてあげる。そして、自分が褒められたら、照れずに喜びを表現しましょう。

そして、「まだまだ、もっと頑張らないといけない」と自分を追い詰めないで、「お疲れ様。今日もたくさん頑張ったね」と、たくさん自分を褒めてあげるのも忘れずに。

25

「聞く姿勢7、話す姿勢3」が相手を満足させます

「〝聞く〟という字には耳という字が入っているけれど、〝聴く〟という字には耳だけでなく、心という字も入っているでしょう。だから人の話を聴くときは、ただ耳で音を捉えるだけでなく、心をこめて一生懸命聴くことが大事ですよね」

私はコミュニケーションについてお話しするとき、こんなふうに言います。

大事なのは心をこめて相手の話を聞くこと。よく「自分は口下手なので、うまく話せません」と言う人がいますが、何も明石家さんまさんみたいにしゃべらなくてもいいのです。話すのが苦手な方は、聞き上手になることです。

聞き方にはいくつかテクニックもありますが、一番重要なのが、聞く際の心がまえ。

聞く姿勢が7で、話す姿勢が3くらいというのが、相手の自己受容感を一番満足させ

ると言われています。

だから売れる営業マンは、全員例外なく聞き上手です。営業マンが熱心に合いの手を入れるので、どんどんプライベートなことをしゃべってしまったという経験はありませんか？

お客さまの話を聞けば聞くほど、営業マンはその方の好みが分かってくる。そうすると、お客さまが一番好きそうな商品をおすすめできるから、おのずと契約率が上がるというわけです。

友達同士でお茶を飲みに行って、相手が9ぐらいしゃべりっぱなしで、なんだか疲れて帰ってきた経験はないでしょうか。

「私だって悩みがあったのに、あの子の相談事を聞いて終わっちゃったな」というようなときは、自己受容感が満たされないので、なんとなくスッキリしません。

聞く場合の表情についても意識してみてください。もちろん基本は、どんな話でもニコニコと笑顔で聞いてあげること。でも相手が悲しい話をしたときは、こちらも悲しい表情をしたほうがいい。なるべく表情が豊かなほうが、相手が「伝わっている」と満足します。

既婚女性の代表的な不満のひとつに、「夫が自分の話を聞いてくれない」というものがあります。そういうときの男性は、生返事はするけれど、まったく表情が変わらないので、女性たちの自己受容感が満たされないのです。

聞くときの表情いかんで、一生懸命聞いているかどうかは伝わるものです。たとえばアイコンタクト。「そうなんだ、大変だね」と言いながら、目は全然こちらを見ていないと、相手は聞いてくれていないと不満に思うものです。

相手が悲しい話をしているときはこちらも眉を寄せるとか、相手が驚くような話をしているときはこちらも目を見開くなど、**相手の話を聞いていることを、表情でも表現する**ように心がけましょう。

26

無意識に相手を拒絶しているクセにご用心

話をしているときに注意したいのが、そのときの仕草です。

本人は無意識で悪気がなくても、**腕組みをすると、相手を拒絶しているサイン**になります。特に自分より立場が下の人と話しているときに腕を組むと、威圧感を与えて、非常に偉そうに見えますから、やらないほうがいいでしょう。

腕や指をクロスさせるのは、自分を防御したいという無意識の働きです。つまりいくら言葉で「なんでも話してみて」と言ったところで、腕を組んで聞いていたとしたら、「ノー」と言っているのと同じ。

本当にオープンマインドであるときは、両手を広げているはずです。聖母マリア像が手のひらを見せて両腕を広げているのは、「どんな人でも迎え入れる」という意味があるのだと思います。

手ぶらで話していると、落ち着かなくて腕を組んだり指を組んだりしたくなりますが、カラダの前で腕や指をクロスすると、「もうこれ以上入ってこないで」という意味になってしまいます。片手を押さえるくらいならいいけれど、クセになっている人は気をつけてください。

腕を組まずに済む方法のひとつは、適度にジェスチャーを入れる。外国の方はジェスチャーが上手と言われます。たしかに話や演説のうまい方はよく手を使っています。身ぶり手ぶりを見ているだけで、話に引きこまれてしまいます。

同じ話をしていても、手の動きを入れることで、話にめりはりがつきます。反対に、腕を下ろしたまま淡々と一本調子でしゃべっていると、相手は話に引きこまれず、つまらない、退屈だなぁと思われてしまいます。

自分のクセを見つけるには、**話している姿をビデオ撮りする**ことをおすすめします。話しながら、カラダが揺れていないか、変な手の動きが多くないか、目線はどこを見ているか、チェックすることで、大きく改善されますよ。

27 握手するときは、しっかり目を見て力をこめる

人間は身体的な接触をした人とそうでない人を比べると、接触した人に好意を持つという心理学の実験結果があります。

たとえば1万円が落ちているとします。誰も見ていない。拾って自分のものにしてしまっても分からない。

被験者をそのような状況にしておいて、しばらくしてから握手をします。握手をした後に「あなたは1万円札を拾いましたか?」と聞くと、拾ってポケットに入れた人は、「はい、拾いました」と正直に言う確率が高まるそうです。握手しないまま「拾いましたか?」と聞くと、「知らない、見てない」と言うのだそうです。

ボディタッチも日本人が苦手とするところです。特に相手が異性の場合、どこまで

やっていいのかよく分からない。実際、初対面の方へのボディタッチは、よほどの理由がない限り、NGだと思っていいでしょう。でも、お互いの心理的距離が縮まったときのボディタッチは、相手への好意を表すものであり、異性だけでなく、同性に対しても非常に有効なものです。

先日、海外の人が集まるパーティーに出席したときのことです。私のお友達も呼んでいいと言われたので、日本人の女性の友人を呼び、私の海外の知人を紹介しました。そのとき、私の友達の握手に力がなかったようなのです。

そのとたん、海外の知人から、「ユミコ、彼女に教えてあげて。絶対にそんなゆるい握手をしてはダメ」と言われてしまいました。

海外において、**力をこめずに握手をするということは、自信がないと思われることであり、相手のことを嫌いだと思われても仕方のないこと**なのです。握手をするなら相手の目を見て、しっかり握るべきです。

実際、向こうの人たちは、手の骨が折れるんじゃないかというくらい、渾身《こんしん》の力をこめて握手してきます。「握手を求められたから、応じないと悪いな」くらいの気持ちで握手をすると、相手に不快感を与えてしまいます。こんなときは、ボディタッチを恥ずかしいと思わないでください。

本当は男性から女性に握手を求めてはいけないと言われていますが、アメリカでも結構、男性から求められますし、日本でも最近は、握手を求める男性が増えているなぁと思います。

握手には、出会った際や別れ際に、「こんにちは」「今日はありがとう」とか「また会いましょう」と、好意を示す意味があります。

海外では、仲のよい友人同士ならハグをします。私も相手が外国の方なら、気軽にハグをするし、日本でも、女性同士でハグをすることが多くなりました。

握手やハグ、ボディタッチのいいところは、短期間で一気に距離が縮まるところです。コミュニケーションの手段としてのボディタッチが、自然にできるように、心がけてみましょう。

28

はっきり「ノー」と断るほうが相手に対して親切です

ご存じのように、アメリカはイエス・ノーをはっきり言う社会です。日本に戻ってきてから、私もノーであることは、はっきりノーと言うことを心がけるようになりました。

時々、人から「そういう言い方、ニューヨークっぽいよね」と言われると、あらためて「あっ、そうなんだ」と思います。

私も以前は、ノーを言うのが本当に苦手な人間で、誰からも好かれていたい八方美人的なところが多々ありました。断ったら角が立つのではないかと思って、行きたくないところに無理に行ったり、あまりお付き合いしたくないグループに入っていたり。

でも今は、無理をして人に合わせるのはやめました。**断るときは、とにかく素直に、**

正直に言うほうが、相手にも自分のためにもよいと、考え方が変わりました。

よく外国人がこぼすことのひとつに、日本人独特の「本音と建前」問題があります。たとえば日本で、2時間会議をする。みんながうなずいている。「検討します」と言うから結果を楽しみに待っていたら、「検討します」というのは実質的にノーの意味だという。これでは「日本人は何を考えているか分からない」と言われてしまいます。

ですから一番いいのが、正直に「伝える」ということなのです。

最もまずいのは、「ああ、それいいよね」とその場では同調しておきながら、後でノーと言うケースです。それは誠意がなさすぎます。私も絶対にそれはしないようにしています。

先日、友人の婚活中の男性と話をしていたら、友人から紹介された女性がタイプではなかったので、「2、3回食事してから、フェードアウトしようと思っているんだ」と言います。そうしないと相手の女性の面子《メンツ》が立たないからというのが、彼の理由でした。それは日本男子の優しさなのでしょうか？

もし相手の女性が彼のことを気に入っているなら、何度か食事したら、すっかりうまくいくと期待しますよね。彼の態度は、かえって彼女を傷つけることになります。その気がまったくないなら、彼女のこれからの人生を思って、すぐはっきり断るべきだと、私は思うのです。

私は、時々、パーティーを主催します。中には、最初に行きますと返事をしておきながら、直前になって断ってくるドタキャン常習犯の方がいらして、かなりがっかりさせられます。急な予定変更は誰にでもあることですが、準備や予算など相手の大変さを思って、連絡は、できるだけ早くにすべきです。

最近の若い人たちのあいだでは、上司からの飲み会へのお誘いに、「行けたら行きます」というのは「ノー」の意味だそうです。

中年の上司が「あいつ遅いなぁー」と言っていたら、若い社員が「あれは来ないって意味ですよ」と翻訳してくれたそうです。

友人からあるパーティーに呼ばれているとします。スケジュールは空いているし、物理的には行けるのだけれど、どうしても気持ちが向かないという場合、行きたくないと正直に言うべきでしょうか。

　こんなときは仕事など違う理由をつけてもいいと思います。英語ではこれはwhite lieと言って、罪のないウソ、方便のウソ。それが分かってもケンカになったり、気まずくならないものです。でも、ウソの内容によっては、後でバレたときに相手を傷つけてしまうこともあるので、できれば正直に話して、説明するのがベストだと思います。

　自分をよく見せようとか、相手に嫌われないようにしようとか、変に気を遣うことで、かえって揉《も》める原因になるものです。イエス・ノーをはっきり言うこと、断ることは、決して悪いことではありません。断り上手な人になりましょう。

29
「ごめんなさい。でも……」は一番ダメな謝り方

謝り方。プライベートかビジネスかでちょっと違うかもしれませんが、基本的なことは同じ、まず心がないとダメです。

ビジネスの場合においては特にそうですが、相手の言っている内容が理不尽でも、相手が怒っているということに対して、謝ることが必要です。かといって平謝りに謝りすぎても人は激高しますから、全面的に非を認めるというよりは、「怒らせてしまったことを謝る」のがコツです。

一番やってはいけないのが、「ごめんなさい。でも……」という反論。そして責任転嫁。よく政治家の方は「秘書が……」と言いますが、あれでは謝っていると思ってもらえません。

「逆切れ」「開き直り」は論外です。もっとも、反論したいときもあるでしょう。そういうときも、まず謝る。それからほとぼりが冷めたところで、違う形で説明をすればいいのです。少し時間が経ってから、「このあいだのあれは、ちょっと怒りすぎですよ」などと言うと、「あ、ごめん、ごめん」となることもよくあります。

その場で反論しても、怒っている人は絶対に理由など聞いてくれません。でも、時間が経って頭を冷やすと、大抵、相手もちょっと言いすぎたと思っているものです。

では相手が興奮したまま、「なんでこんなことになったのか、言ってみろ！」と言ってきたら？　謝罪の途中で「なぜこうなったか」を説明しなければならないときは、

「どうしてこういうことが起こったのかということですよね」

と相手の言葉を復唱してから説明するといいでしょう。

30

「ありがとう」は世界で最も美しい言葉です

世界で最も美しい言葉、それは「ありがとう」だと思います。

日本には「ありがとうございました」という言葉がありますが、英語にはありません。**「サンキュー」には過去形がない**。「サンクト・ユー」とは言いません。

過去形がないのは、「どんな大昔にしてもらったことだって、たった今、あなたに感謝しているよ」ということなのです。

ニューヨークでは街中に「ありがとう」があふれています。エレベーターを開けてもらっても「サンキュー」。ショップの店員さんにも「サンキュー」。

ところが日本に帰ってくると、これがあまり言わない。おそらく「ありがとう」と言うところで、「すみません」と言ってしまっているのでしょう。でも、これを「ありがとう」にチェンジすると、効果大。感謝の気持ちは、やはりポジティブな言葉で表現するほうが、よりよく相手に伝わります。

だから家族にも「してもらって当たり前」と思わないで、ご主人は奥さまに、奥さまはご主人に、そして親は子どもに、「ありがとう」と言ってみてください。人間関係の基本は家族です。日本は外の人を大事にして、身内をないがしろにするところがありますが、外国では、内側の人間をすごく大事にします。そこは見習いたいものです。

私もこのあいだ、家のそばのコンビニで息子に偶然会って、そのとき持っていた荷物を先に持って帰ってもらったことがありました。荷物を持って帰ってもらえれば、その足でもう一件用事が済ませられます。

しばらくして家に帰ると、玄関に荷物が置いてありました。ここはお礼を言わないといけないと思い、「持って帰ってきてくれて、ありがとうね」と声をかけました。

家族だとつい「これくらいやってもらって当たり前」となりがちです。それでもやっぱりやってくれた行為に関しては、どんな簡単なことでもお礼を言うべきなのです。

一番近くにいる人たちに、「ありがとう」の言葉を大切に使ってみましょう。

31

「ゆっくり分かりやすく」より「時々早口でテンポよく」

話すスピードは、思った以上に印象を大きく左右します。ゆっくり話せば落ち着いて見えますし、早く話せば「頭の回転が速い」「元気そう」と思われます。よく、「分かりやすく、ゆっくり話しましょう」と言われますが、それはアナウンサーなど、放送の世界でのルールです。

もちろん聞き取れないぐらいの早口は論外ですが、ビジネスの場で、ゆっくり話されて、イラッとしたことはありませんか？

「ちょっとこの人、頭が悪いのかな？」「忙しいんだから、もっとテキパキしゃべってくれないかな」と思ってしまったことがある方も多いと思います。**常にゆったりしたスピードを保ち続けるのは、ビジネスの場ではＮＧ**です。

逆に、ゆっくりしたテンポの方に、こちらが早口でまくしたてるのもよくありません。しゃべるスピードをある程度、相手に合わせることは必要です。

一番重要なのは、スピード、テンポの緩急を使い分けることです。

ある程度一定のスピードを保ちながら、重要なところではスピードをゆるめる、繰り返す、一拍間を置いてみる、ちょっと声を大きくしてみる。すると聞いている人は、「あっ、ここがキーポイントだ」と分かります。

演説上手な政治家の方は、スピーチのとき、この話し方をしています。

もっとも政治家の演説のように強い主張があるときは、なんと言っても重要なのは情熱です。姿勢、目線、ジェスチャー、テンポも重要ですが、やっぱりものを伝えるには、熱い思いが大切です。

企業のリーダーも同じです。人を動かす言葉を伝えたいときに大事なのは、まず情熱。だからどんなときでもアナウンサーの話し方をお手本にしてしまうと、聞き取りやすくはなっても、伝わらないことになります。

声の高い低いに関しては、こんなおもしろい研究結果があります。

アメリカのデューク大学とカリフォルニア大学の調査によれば、無作為に抽出した人たちそれぞれの資産、給与、勤務年数、年齢、教育レベルや身体的特徴などを調べ、さらにスピーチサンプルで声の高さを測って、相関関係を探った結果、**声の低い人のほうが年収が多い**という結果が出たそうです。

なぜそのような結果になったのかまでは分かりませんが、男性も女性も、声が低いほうが話の内容に説得力が増すのは確かだと思います。

ただ、電話で話す際は、実際の話し声よりもキーを少し高くしてみてください。電話機を通した場合、あまり低い声だと怒っているように聞こえるからです。

もともと声が低くて高い声を出しにくいという人は、口角を意識して上げてしゃべってみましょう。自然と少し声が高くなっているはずです。

人間は明るい気分だから笑顔になるのではなく、笑顔になると明るい気分になるのだという有名な心理学の学説もあります。もし自分が暗くなっていると思ったら、口角を上げてみる。すると、声が高くなりますし、気持ちも高まってくるはずです。

32

滑舌が悪い人は腹式呼吸を練習しましょう

よく「私は滑舌《かつぜつ》が悪いんです」とおっしゃる方がいますが、さきほどもお話ししたように、誰もがアナウンサーのように話す必要はありません。

とはいえ、あまりにも何度も相手に聞き返されるとしたら、本当に滑舌が悪いか、あるいは声帯が弱いのかもしれません。

お年を召した方の声が聞き取りにくいのは、声帯の筋肉が弱くなっているから。顔の表情筋などもそうですが、筋力は年齢とともに落ちてくるものです。声帯も筋肉ですから、加齢とともに衰えてしまいます。それなのに口先だけで発声していると、「は、何ですか?」と聞き返されてしまう。

腹式呼吸で声を出すと、同じ大きさの声でも、より相手に届きやすくなります。

腹式呼吸のやり方は次の通りです。最初は、仰向《あおむ》けに寝た状態で練習してみるのがいいでしょう。

①お腹を膨らませながら、鼻からゆっくり息を吸います。

②お腹をへこませながら、口（鼻からでもよいです）で、できるだけゆっくり息を吐きます。肺の中の空気を出し切るくらい、全部の息を吐き出します。

③息を出す時間はなるべく長く、吸うときの4倍くらいを目標に繰り返します。

腹式呼吸は、声が通りやすくなるだけでなく、リラックス効果もあります。胸式呼吸に比べて横隔膜が広がるため、内臓の血行がよくなったり、新陳代謝の働きもよくなり、内臓脂肪が取れるとも言われています。ぜひお試しください。

相手に聞き取りやすく、分かりやすいように話すのは大前提ですが、聞く側の努力も必要なのではないかと思います。

私は、**聞く側にも、ある程度「感度」が要求される**と思っています。読唇術とまではいかなくても、唇の動きから察するとか、状況を判断して勘を働かせ、相手の言いたいことを推測する努力は必要です。

周囲が騒がしくて相手の声が聞き取りにくいときは、自分から思いきって相手の口元に耳を近づけてみるべきです。カラダを離したまま聞き返してばかりいると、横着な印象を与えたり、オバサンぽく見えたりするものです。

先日、音楽がかかっているお店で食事をしたときのことです。一緒にいた4人の中で、1人の女性だけがずっと「音楽がうるさくて聞こえない」と言って、全然話に入れずにいました。たまたま彼女のいた席が、特に音が反響する位置にあったのかもしれません。でも彼女は身を乗り出して聞こうとはせず、ずっと耳の横に手のひらをかざす仕草をしているだけでした。見ていてあまり美しい姿ではありません。

「オバサン」と「大人の女性」との差は、こういった何気ない日常に出てしまうものです。コミュニケーションが双方向であることを理解し、感度のよい聞き手を目指してください。

33
ファーストネームは相手との距離を縮める魔法の言葉

ニューヨーカーたちは、会話の中に頻繁に相手のファーストネームを入れます。

「ユミコ、おはよう」

「今日は何をする予定なの？　ユミコ」

「私はこう思うけれど、ユミコはどう思う？」

という調子です。

それに比べると私たち日本人は、相手のファーストネームか苗字《みょうじ》かに限らず、名前を呼ぶことが少ないと思います。人が心理的に耳にして最も気持ちよい音、聞き取りやすい言葉は、自分の名前だと言われています。カクテルパーティー効果と心理学で呼ばれているものです。ざわざわとしているパーティー会場でも、遠くで自分の名前を呼ばれるとよく聞こえます。私たちは、自分の名前を特別なものと認識しているのです。だから、自分の名前を呼んでくれる人に対しては、好意や親しみを持ちやすい傾向があるのです。

敏腕営業マンは、必ず相手の名前を覚えていて、意識的に何度も会話の中で繰り返します。

先日、京都で呉服屋さんを営んでいる30代前半の男性と、あるパーティーで知り合いました。彼は話している間じゅう、私の名前を繰り返し入れていて、「日本人でこまで名前を呼ぶ人は初めてだ」と、非常に印象に残りました。

名前、特にファーストネームを呼ぶのは、お互いの距離を縮めるのに、非常に効果的です。私なども「一色さん」と呼ぶ人よりも「由美子さん」と呼んでくださる人のほうが、近しい気持ちになって、気を許せる気がします。

ですから、私も、コンサルティングを受けに来てくださるお客さまを、必ず下のお名前でお呼びします。親からつけてもらった名前は、その方にとって魔法の言葉だからです。

34

思いを伝えるには「ユーメッセージ」でなく「アイメッセージ」

「アイメッセージ」と「ユーメッセージ」という言葉をご存じでしょうか。自分の意見を上手に伝えたければ、「アイメッセージ」で伝えたほうがいいとされています。

たとえば子どもを叱るとき。

「なぜ（あなたは）宿題をしなかったの？」

という言い方は、主語が省略されているものの、「あなた」が主語ですから、ユーメッセージです。

あるいは妻が夫に、

「どうして（あなたは）遅くなるなら遅くなるって、連絡くれないの？」

と言う場合も同じユーメッセージです。

ユーメッセージを受け取った人は、「責められている」「攻撃されている」と感じるので、言い訳や反撃など、防御が始まってしまいます。

このようなユーメッセージを発する人は、なぜ怒っているのでしょうか。

たとえば宿題をしているとばかり思っていた子どもがゲームで遊び呆《ほう》けていて、がっかりしたからです。

あるいは連絡をよこさず帰ってこない夫のことが心配だったからだし、自分のつくった料理が無駄になってしまうことが悲しかったからです。

そのようなときは、「ママ（私）はあなたが宿題を済ませたものと思っていたのに、そうじゃなくてがっかりしたわ」とか、「私はあなたのことが心配で眠れなかったのよ」「私はせっかくつくった料理を食べてもらえないので悲しかったのよ」と言えばいいのです。

そうすれば、相手も素直に「ごめんなさい」「悪かったね」と言えます。

アイメッセージで伝えたほうがいいのは、ネガティブな感情だけではなく、ポジティブなこともそうです。前にお話しした「I'm proud of you.」もアイメッセージです。

日本語の特徴は主語があいまいなことです。主語はあなたなのか私なのか、彼なのか、彼女なのか、最後まで聞かないと分かりません。

逆に英語は必ず主語が先にきます。ですから何かをお願いするのも、ユーメッセージではなくて、アイメッセージになる。だから伝わりやすいのだと思います。

たとえば人に何かを頼むとき、「Can you do me a favor?」「I have a favor to you.」と言います。favor という言葉は好意とか引き立てとか賛成という意味。何かをしてもらうというのは相手の好意だという考えなのです。

感謝を伝えるのもアイメッセージがいいでしょう。

一生懸命、会議に間に合うように資料をつくったとき、上司から「(君のつくった）資料はなかなか悪くなかったよ」と言われるよりは、「君のおかげで、(僕は）すごく助かったよ」と言われるほうが嬉しい。「よし、明日からまたもっと頑張って働こう」と思うものです。

アイメッセージで愛と感謝を伝えれば、人の心に寄り添えるのだと思います。

35

「ちょっと長め」のアイコンタクトで相手をファンにさせる

日本人は人の目を見るのが苦手だと言われています。なにしろ平安時代などは、高貴な人は御簾《みす》越しにしか姿を見られないような文化でしたから、今も直接相手の目を見るのはぶしつけだという感覚があるのかもしれません。

でもやはり、人の目を見ないで話す人は印象が悪いもの。

「自信がないの？」

「何か後ろめたいことがあるの？」

「怒ってる？」

という感じになります。

実際、外向的な人ほどアイコンタクトの時間が長いというデータもあります。

相手をちゃんと見ると、相手に「この人は自分に好意を持っている」「話を聞いてくれている」と思ってもらえます。

ただ、目を見たとしても、すぐにそらしてしまうと気が弱く見えるし、「この人は自分に関心がないんだ」と思われるので注意が必要です。

逆に目を見る時間が長すぎると、日本では「ちょっと生意気」と思われることもあります。下の者が目上の人の目をいつまでも見ていたら、「何か言いたいことでもあるのか?」という感じになるでしょう。

ところが欧米では、相手の目を見る時間が本当に長いのです。延々と見ています。

日本人同士では、**好意を示そうと思ったら、「ちょっと長め」に目を見る**のがいいでしょう。好意には好意で返したくなるものですから、相手はあなたのファンになってくれるかもしれません。

36 無表情の時間が長いと顔の筋肉が衰えます

私は時々大きなセミナー会場でお話しします。会場を見渡すと、怖い顔の人が多いことに驚きます。みなさん真剣に聞いてくださっているからでもあります。

でも、途中に表情筋を動かすエクササイズや笑顔エクササイズをはさむと、マジックをかけられたように、みなさんの表情がイキイキして断然美しくなります。

日本人は1分間に28秒間、表情が止まっているという調査結果があります。日本人は誰かと話しているとき、その時間の半分ぐらいは無表情だということです。

欧米の言語は口のまわりの筋肉をよく使わないと話せないのに比べて、日本語の平たい音は、口を大きく開けなくても出せるため、日本人は無表情になりやすいと言われています。

お友達と撮った写真で、思いっきり笑っているつもりだったのに、口角が下がって怖い顔をしていたという方は要注意です。

最近は、人と直接話すよりも、スマホやパソコンに向かう時間が増えて、若い人の中にも無表情の方が増えていますよね。眼輪筋や口輪筋などの**顔の筋肉は、使っていないとどんどん衰えてきます**。

またパソコンに長時間向かっていると、血行不良で二酸化炭素がたまり、筋肉が収縮して硬くなり、コリが生じます。顔のコリも無表情の原因です。顔の筋肉がこっていると、自分では顔を動かして話しているつもりでも、他人から見るとほとんど動いておらず、表情が伝わらないということも起こります。

どこかの美容整形の広告で、「般若《はんにゃ》のような顔になっていませんか?」というのを見かけたことがあります。般若の面をかぶった人にならないように、今日から表情が豊かで美しくなるためのトレーニングを行いましょう。

トレーニング① 表情筋を動かす練習

1. 口まわりの筋肉を意識して「あ」「い」「う」「え」「お」と口を大きく開ける
2. 目を思いきりつぶった後にパッチリ開ける
3. 1、2を繰り返す

トレーニング② 顔のコリをほぐす

両手をグーにして、こめかみにあて、小さく円を描くようにぐりぐりします。その手を下にずらしながら、耳の下まで、フェイスラインにそってぐりぐりします。ほぐしてあげると、お顔にたまった老廃物も流れるので、すっきりしてキュッと引き締まり、顔色もよくなります。

トレーニング③ デスクの上に小さな鏡を置く

電話しているときもパソコンに向かっているときも、鏡を見て、無表情になっていたら、口角を上げて笑顔をつくるトレーニングをしてみてください。

37 シワに直結！ こんな表情グセはありませんか？

シワをつくりたくないからと無表情でいたら、顔の筋肉が弱って肌のハリが失われ、頬がたるみ、変な箇所にシワができます。

顔の老化が進む原因は様々ですが、自分では気がつきにくく見逃しやすいのが表情グセ。

先日私のセミナーをご受講くださったお客さまは、表情が豊かでとてもチャーミングな女性でしたが、ちょっと気になったのが、表情グセ。相手の話を聞いている、自分が話しているときの表情にクセがあったのです。

あなたにもこんなクセはないでしょうか。

・おでこにシワを寄せて話す、聞くクセがある
・片一方の眉だけを上げて話す、聞くクセがある
・気がつくと眉間《みけん》にシワを寄せて話している、聞いている
・ちょっと嫌な話をするときに、左右どちらか片方の口角を上げる
・顔をくしゃくしゃにして笑うクセがある
・話を聞くとき、気がつくと口がへの字になっている

このような表情グセは一度ついてしまうと、シワができやすく、とても危険です。

これを直すためにまず、お友達や家族などと電話で話すときに、鏡の前に行ってみましょう。ふだんどんな顔をして人と話しているか、表情グセが一目瞭然《りょうぜん》です。

朝、お化粧するときや、トイレの鏡で見る自分の顔は、ふだんより2割増し美人になっているのをお忘れなく。何気ない日常の表情としっかり向き合いましょう。

38

1秒で「オーラのある人」になる方法

「あの人はオーラがあるね」

という言い方をしますが、オーラを身につけるにはどうすればいいのでしょうか。

オーラは目に見えないものだし、自分で出そうと思って出せるものでもないのだと思います。

でもあえてひとつだけ、オーラが出せる（きっかけになる）方法を挙げるとしたら、それは、**背筋をピンと伸ばす**ことだと思います。

たとえばエジプトの王様が玉座から下りてくるとき、ちょうど太陽が王様の後ろから昇って、後光が差しているように見えるイメージ。あたりをはらうような威厳を持つ王様は、絶対に胸を張って背筋を伸ばしているはずです。猫背の王様なんて、ありえません。

自分をちょっと立派そうに演出したいな、一流の人だと思ってほしいな、というときは、絶対に姿勢をよくしてください。

座っているときも、できるだけ背筋を伸ばすこと。猫背は貧相に見えるし、疲れて見えます。お腹がたるんで、お尻も垂れてきます。

オーラの正体とは、ある種の自信なのではないでしょうか。ゆるぎない自信を持っている人に、人々はその目に見えない光、オーラを感じるのです。

たとえ**自信がなくても、自信があるように振る舞う**こと。物事はおしなべて形から入るのが肝心。そうやって振る舞っていると、いつか本当に自信がついてくるものです。

39

スタバでなく高級ホテルでコーヒーを飲んでみる

オーラを出す人になるために、次におすすめしたいのは、**一流の人が集う場所に行く**ことです。

「この人、ただ者ではないなぁ」と思わせる人たちは、どのような立ち振る舞いをしているのか。一流のホテルやレストランで、そのような人たちにサーブする方々のホスピタリティはどんなものなのか。それを実際に見ることで、自分磨きを行うことができます。

ニューヨークに住んでいた頃は、富裕層の方々に、一流のレストランやホテルに度々連れて行っていただきました。

そんな場所では、アジア人女性が私一人ということも少なくありませんでした。英語がネイティブでない人間が、どんな服装をして、どう振る舞えば、お店側から、一流のレディとして扱われるか、よい席に通されるかなど、多くのことを学びました。

400円払って、スターバックスでコーヒーを飲むのもよいけれど、時々は自分へのご褒美として、2000円払って、高級ホテルのロビーに出かけてみましょう。ゆっくりまわりを見回しながら、贅沢《ぜいたく》な時間を楽しみつつ、自分磨きを行ってみてください。

40

思わず会話が弾む相づち&身ぶり手ぶりとは？

食事に行って、お茶をして、お友達やパートナーと会話は弾んでいますか？

コミュニケーションコースをご受講くださるお客さまから必ず聞かれるのが、「どうしたら上手に話せるようになりますか？」ということ。

明石家さんまさんの番組を観ていると、会話のうまさに毎回感動します。

相づちを打つのがとにかく絶妙だし、必ず相手の話していることを要約するので、画面のこちら側で聞いている私たちにもよく分かります。話した相手も聞き上手な彼にすっかり乗せられています。オーバーリアクションとあの大笑いで、ついついみなさん、べらべら本音を話してしまうのです。

日本の政治家で話がうまいなぁと思うのは、小泉進次郎さんです。彼は地方に行くと、第一声をその土地の言葉で話すそうです。これでみんな心を鷲摑《わしづか》みにされてしまう。身ぶり手ぶりもお父さんに似て、躍動感があります。

身ぶり手ぶりはプレゼンの大事な要素です。手を上げたり下ろしたりするだけで、躍動感を持たせることができます。話に数字が出てきたら、指で数字を示すことで、より分かりやすくなります。

ただしこの身ぶり手ぶりは、一対多で話すときの心得です。一対一で話すときにそのまま応用すると、落ち着きがない印象になってしまうので、ちょっと注意が必要です。

でも、相手がおとなしい人で、話が盛り上がらないようだったら、身ぶり手ぶりで乗せていってしまうというのも手です。

会話を盛り上げるテクニックとしては、相手がちょっとおもしろい話をしたら**「それで？　それで？」と身を乗り出してみる**。なんだか会話が弾まないなぁというときには、**相手が飲み物を飲んだら同じタイミングで一緒に飲む**という方法もあります。

すると相手はリラックスして、そうでないときの2倍もよく話すという心理学の実験データもあります。

相手が話したことをオウム返しに繰り返すのもいい方法です。

「私、あの人のことを好きじゃないの」

「ああ、あの人を好きじゃないのね」

という調子。この言葉自体はイエスでもノーでもありません。でも相手は自分の話を聞いてくれている、分かってくれていると思い、嬉しくなって、話し出してくれます。

さきほどもお話ししたことですが、話しているときにカラダの前や後ろで手を組むと、せっかくの話の流れが止まってしまいます。ふんぞりかえる、足を組むなども相手を拒否しているサインになり、ちょっと横柄な、「聞いてあげている感じ」になりやすいので注意してください。

また無意識にストローの袋をずっといじっていたり、スマホをいじっていたりするのもNGですよ。これは話がつまらないと言っているようなもの。相手と向き合って、しっかり会話できる人でありましょう。

41

「品のある人」「品のない人」は入り口で分かります

みなさんが、この人は品があるなぁと思う人はどんな人でしょうか。たたずまいが凛《りん》としていて、話し方や話す内容が教養を感じさせる人。笑顔が美しく、清潔感がある人。

逆に品のない人だなぁと思うのは、言葉遣いがきれいでなかったり、姿勢が悪かったり、気になるクセがあったり。どんなにお顔がきれいでも知性を感じさせない人は、品がないなぁと思ってしまいます。

品があることとは、相手より高みに立って威張ることではありません。それは英語で言う「スノッブ」「スノビッシュ」、日本語にすれば「知識・教養をひけらかす見栄張りの気取り屋」「上の者に取り入り、下の者を見下す嫌味な人物」です。

私の友人は、高額の商品を取り扱う仕事をしているのですが、**上品な人とスノビッシュな人とは、入り口を入ってきた時点で分かる**そうです。

上品な方は、まず入り口前でコートを脱ぎ、丁寧なご挨拶ができる。どんな話にも真摯《しんし》に受け答えし、相手を心地よくさせる笑顔も兼ね備えている。そして決して熱くなって怒ったりしないそうです。

逆にスノビッシュな人たちは、ちょっとしたことで、切れて怒り出し、お金や権力があることをひけらかしたりするそうです。

上品でエレガントな女性であるためには、姿勢や身なりに気を遣うだけでなく、内面の知性や優しさ、そして、みなを温かい気持ちにさせる美しい笑顔が必要なんですね。

PART 3

メンタル編

42

メンタルは、顔や服装以上に「見た目」です

人から素敵な人だなぁと思われるためには、実はメンタルの部分が、外見やコミュニケーションのノウハウ以上に大事だと思います。

「人間は見た目」とお話ししてきましたが、実は私たちは、相手を第一印象で判断するとき、その人の内面をある程度、感じ取っているものです。

人間は、自覚している以上に、感度が高いものです。相手をパッと見たとき、目鼻立ちや服装、そして相手の表情や話し方から、瞬時に内面を察知しています。

つまり、**人間の中身はおもしろいくらい顔に出る**。メンタルも見た目なのです。

「20歳の顔は自然の贈り物。50歳の顔はあなたの功績」というのはココ・シャネルの言葉ですが、本当にそうだなと思います。特に年齢を重ねれば重ねるほど、顔や体つ

きには、その人の歩んできた人生がくっきりと表れます。

先日私のもとへ、生徒さんの紹介で、48歳の主婦の方がお見えになりました。その方の顔が、申し訳ないけれど、とてもその年齢には見えないほど老けていたのです。シミが多いとかシワが多いとかではなく、目に光がない。ここ数年、感情を動かしたことがないような無表情さです。

思わず手が動いてしまって、簡単なメイクをしてさしあげずにはいられませんでした。

お顔立ちはとても整っていて、若いときは相当かわいくて、モテたはずです。ずっと専業主婦で、あまり人に会わない生活が20年くらい続いているのだと言います。

「きれいになったのだから、帰りにお友達を呼び出して、お茶でもしてください」

と言ったら、

「えー、今日はすぐ帰る予定なので無理です」と言います。思わず、

「スーパーでいいので寄ってください。お化粧した顔で、いろいろな人に会ってくだ

さいね」

と申し上げてしまいました。

顔は人生の縮図。年齢を重ねた顔は私たちの歴史です。若く見えることだけを追求して、美容整形のエキスパートのようになってしまっては不自然ですが、お顔がイキイキと輝いていることは、とても素敵な人生を送ってきた証《あかし》です。年齢を重ねたからこそ、内面の輝きが顔に表れる人でありたいですよね。

その鍵を握るのは、メンタル、マインドです。できる限りポジティブに楽しい心でいること。興味を持って好きなことをすること。常にいい意味の緊張感を持って生きることができれば、それは必ずあなたの美しさや輝きとなって表情に表れます。

43

「幸福な出来事」か「不幸な出来事」かを決めているのは、あなた

私たちは毎日、いいこともあれば悪いこともある日々を送っています。

でもその「いい」「悪い」は誰が決めているのでしょうか?

それはあなた、ご自身です。

出来事そのものには、いいも悪いもありません。単なる現象があるだけです。それをどう解釈するかで、幸福な出来事も不幸な出来事に変わるし、逆もまた真なりです。

たとえば3億円の宝くじが当たったとします。その翌日に、雨が降っていて、トラックが自分の横をすごい勢いで通りすぎ、水たまりの水をかけられたとしたら、どう思うでしょうか。前の日に3億円当たったばかりです。いつもなら「なんてついて

ないんだろう」と落ちこんだり、「許せない！」と怒ったりするでしょうが、3億円が入るなら、「まあ、いいか」と寛大な気持ちになれるような気がします。「ちょうどよかった。○○ブランドの新しい服を買おう」と思うかもしれません。

逆に上司に怒られた後、大好きだった恋人にふられ、おまけにトラックに泥水をかけられたとしたら、もう踏んだり蹴ったり。世をはかなみたくなります。

起きたことはひとつだけ。トラックが来て、泥水をかけたというだけです。その現象をどう捉えるかに、メンタルの強さが表れるのだと思います。

何か嫌なことがあっても、「これは私が大事な気づきを得るために神様がくれた試練だ」と思える人と、「もう最悪、生きていられない」と悲観するだけの人とでは、その後の人生の展開はまるっきり変わってくるでしょう。

ネガティブな人にはネガティブな人が寄ってくるし、ポジティブな人にはポジティブな人が寄ってきます。この二人には、長い人生の間で大きな差が開くことになるでしょう。

ですから、私は何か嫌なことがあっても、

「**勉強させてもらってありがとう**」

と思うようになりました。そう思えるようになれば、何があっても怖くないと思いませんか？

44

コンプレックスのほとんどは、ただの思いこみです

人は、誰でもひとつや二つ、心に深く刻まれている外見や内面のコンプレックス（劣等感）があると思います

太っているからモテないとか、歯並びが美しくないので人前で話したくないとか、何をやっても一番になれないとか。

「これは自分のコンプレックスだ」というネガティブな気持ちを、ポジティブに変換できたら、どんなに楽しい人生になるでしょうか。

自分では欠点だと思っていることが、他人から見ればチャームポイントだったりするのはよくあることです。**自分でコンプレックスだと思っていることは、案外、単なる思いこみのことが多い**のです。

私は、ずっと高い頬骨がコンプレックスだったのですが、ニューヨークに行ってからは、「君の高い頬骨は、すごく美しくてセクシーだね」と褒められることが増え、すっかりコンプレックスが消えてしまいました。

もし本当にコンプレックスがあるのなら、分析してみましょう。自分のコンプレックスを見つめるのは勇気がいりますが、分析しなければ、どんどん悪い方向に思いこみが強くなるばかりです。

たとえば「自分は声が悪い」と思う。「じゃあ、声の悪い芸能人は誰かいるだろうか」と数えてみる。すると、美声ではないことが個性になっている人なんてゴマンといると気がつきます。

あるいは「歯並びが美しくない」というコンプレックスがある。だったら、歯並びを治しさえすれば、人前で堂々と話せるようになります。

太っているからモテない。

でも正しい栄養、食べ方や、効果的な運動の仕方、睡眠のとり方、メンタルの持ち方を知って、生活を変えれば、きっと痩せるはずです。

それに、モテないのは、太っていることだけが理由でしょうか。

世の中にはぽっちゃり体型が好きな男性もたくさんいます。周囲にいないなら、発想を変えて、思いきってアメリカのような海外に出てしまう。おでぶちゃんの多いアメリカでは、日本人のぽっちゃり女性なんて、「You look so skinny」(あなた痩せているわよ)と、言われるでしょう。

つまりコンプレックスとは、ずっと抱えているからコンプレックスなのであって、ちゃんと対処すれば、コンプレックスではなくなっていくものなのです。

もちろん、中にはどうしようもないこともあります。たとえば背が低いのが気になる人が、これから背を伸ばすことは難しい。

でも、ファッションに気を遣い、おしゃれに帽子などを取り入れれば、存在感が増して、決して背が低くは見えないはずです。直せないなら、違う部分で勝負すればいいのです。**短所を直すよりは長所を伸ばしたほうが、はるかに手っ取り早い**ものです。

まずはコンプレックスがただの思いこみでないかどうか、確認すること。そして克服できるところはしっかり対処し、克服できない部分については、自分のよい部分を強調することで、目立たないようにしてしまいましょう。
逃げずに向き合えば、今よりもっともっと自分を好きになれますよ。

45

見た目もマインドも、峰不二子を目指しましょう

「ルパン三世」の峰不二子《みねふじこ》をご存じですよね。不二子ちゃんは、実は男性よりも女性に人気があるのをご存じですか？

「私がアメリカに住むことによって変われたように、日本の女性たちに、自分の意見を持ち、自分らしく生きることを追求してほしい。自由にたくさんの選択肢から選べる時代が来るように、たくさんの美しく元気な女性をつくるお手伝いをしたい」

私はこんなミッションを掲げて、イメージコンサルタントとして、東京で起業しました。２０１５年７月に設立した一般社団法人日本アンチエイジング・ダイエット協

会も、そのミッションから生まれました。
これからの日本に求められる女性は、不二子ちゃんのように男性と上手に渡り合い、相手のノーもイエスに変えてしまう、自立している、賢くカッコいい女性なのではないかと思います。

「いい女っていうのはね、自分で自分を守れる女よ」 by不二子

不二子ちゃんは、女性という武器は使っても、女性であることに逃げたりしないですよね。

ニューヨークに行ったばかりのとき、私は人に意見を求められても答えることができませんでした。「日本ではこうです」というように一般論でしか返せず、「君は君でしょ。ユミコが日本人であることとは関係ない」と言われたこともあります。海外では、自分の意見を持たない女性は、決して魅力的に思われないし、リスペクトされません。

日本では、女性が自分の意見を伝えると生意気と思われる風潮が、まだ根強く残っています。そのため、自分の意見を持つということを、忘れて生きている女性が多いのではないでしょうか。会社という組織の中でも、自分を消して、男性を上手に立て

つつ渡っていく能力がないと、なかなか出世もできません。私は、日本がこれほどまでに男社会であることに、日本という国を離れて初めて気がつきました。

この仕事を始めてからは、「組織に縛られるよりも独立して自分らしい生き方をしたいです」という女性や「結婚しても子どもを産んでも、仕事は辞めたくないです」という女性に数多く出会います。

私が暮らしたアメリカは、女性が仕事をし、結婚して、子どもを産むことは、決してそのキャリアを阻むものではなく、どちらかを選択する必要もない社会でした。男性が主夫をしている家庭も、特に珍しくない社会です。その背後には当然、女性たちが自分たちの権利と地位を守るために長い間戦ってきた歴史があります。

日本は今、女性の生き方が変わる端境期《はざかい》だと思います。

実際に優秀な組織ほど、実は女性の力を生かし、儲《もう》けているのだそうです。子どもたちやその先の子孫のためにも、私たち女性が生き方を変えるべき時代が来ています。かわいくても自分の考えを持たない女性ではなく、不二子ちゃんのように**欲しいものは必ず手に入れる、カッコよくてセクシーな女性**を目指しませんか。

46

「根拠のない自信」には、すごいパワーがあります

私が日本に戻ってとてもがっかりしたのが、すぐに自分を卑下する人が多くいらっしゃるということでした。

客観的に見て容姿だって悪くないし、仕事の能力だって高い。それなのに「私なんかダメよ」とばかり言っている。過去に何かがあって、そのために自己評価や自己肯定感が低いのかもしれませんし、ただ謙遜《けんそん》で言っているのかもしれません。

以前は、そのような人には、「そんなことないですよ」と言っていたのですが、だんだん疲れを感じるようになりました。**「そんなことないですよ」と相手に言わせるということ自体が、謙虚ではなくて、ちょっと失礼**であるような気がしてきたのです。

ニューヨークで出会ったスーパーな人たちは、みんな根拠のない自信を持って生き

てきた人たちです。謙虚な日本人には、「大風呂敷広げちゃって」と思えるのですが、見ていると、不思議と成し遂げてしまうのです。ちゃんと言っただけのことをやる。根拠なき自信のパワーはすごいのです。

小さいときにアイドル歌手になりたかったとしましょう。でも育つ過程において、親や先生や友達から「無理だよ」「そんなにかわいくないよ」などと、心ない言葉を投げつけられる。そのとき多くの人は傷ついて、夢を潜在意識のゴミ箱の中に捨ててしまう。そして忘れたことにして過ごします。

そのような体験を繰り返していると、人生の目標はどんどん低くなります。傷つきたくないし、達成感を得たいから、この程度でいいやと思ってしまうものです。

でも幸運なことに夢を壊すようなことを言われなかったり、言われても信用しなかったりして、夢を捨てなかった人たちは、高い目標を持ち続け、それに向かって悩まず迷わず、すべきことをし続ける。だから高い目標を達成してしまうのです。

そもそも「根拠のない自信」と言いますが、「どうせ無理」とか「できないに決まっている」とか、**相手のためを思っているようで、自分の意見の押しつけである、**

夢を捨てさせる言葉のほうが、よほど根拠がないのではないでしょうか。

ある男性の心理学者は、自分は醜いからモテないと思っていました。それを実証するために、1日に10人の女性に声をかける実験をしてみたそうです。それで断られるパターンを分析してみたところ、女性が断る理由は主に二つ。ひとつは本当にその男性がタイプではないというパターン、もうひとつは、単に急いでいて時間がないというパターン。その割合は約半々だったそうです。つまり、「醜いからモテないんだ」というのは、彼だけの思いこみ。そして彼は実験で声をかけた女性の1人と結婚したそうです。

1回や2回ふられてしまったからといって、「もう私は誰にも愛されない」とか、「私は男性受けしないのよ」と思いこむのはそれこそ根拠がないことなのです。

「根拠のない自信のなさ」を捨てて、「根拠のない自信」を持って生きましょう。

47 運気が上がる第一条件は「自分を愛すること」

あなたにとって一番大切なものは何ですか?

仕事、お金、家族、子ども、パートナー、友人、趣味、時間etc.

先日お越しくださったお客さまは、ご自分の運気がとてもよいことから、人生にとっては〝運〟が一番大事だと、運について学んでこられたそうです。

そういう私も、実は、すごい強運の持ち主です。

異業種交流会や大勢の飲み会などにはまったく行かないし、誰かとの出会いを目的に幅広く行動することも本気で苦手です。女子同士でつるむというのも昔からまったくしたことがありません。

実は内向型の外向型（これを両向型と呼ぶそうです）なのですが、数は少なくとも
また会いたいなぁと思う素敵な方とばかり自然に出会い、そのご縁がつながっていく。
人生がとても楽しくワクワクする方向に転がっていく。まさに強運の持ち主だと思い
ます。

脳科学者、医学博士で、世界の上位2％のＩＱ所有者のみが入会を許されるＭＥ
ＮＳＡに所属されている中野信子さんは、次のようにおっしゃいます。

一般的に、運・不運は誰の身にも公平に起きていることです。運のいい人は、単
に恵まれているのではなく、運をキャッチするのがうまい。それと同時に、不運を
防ぐような行動や考え方をしているのです。
その第一条件が〝自分を大事にしている〟という点ですね。自分を大切にすると
は、他人の意見に惑わされず、自分の価値観をしっかり持っていることを指します。
これは「幸せのものさし」で、人間の脳内には、快感を感じる報酬系という回路

があり、人助けなど社会的な行動も含め、自分が気持ちよい行動をとると活動するのです。

常に「快」の状態を作り出せる人は、理想の自分と実際の自分が一致している人です。つまり自分が好きな人。こういう人は余裕があるため、人を惹きつけ、人から好かれるのです。

（『科学がつきとめた「運のいい人」』サンマーク出版）

私は、長年にわたるアメリカ生活で、自分らしく生きること、自分を愛すること、自分の意見をしっかり相手に伝えることを学びました。

他人の意見に惑わされない自分の価値観を持てたから、運気が上がったとしたら、私はやはり、なんたる強運の持ち主なのでしょう。運気を上げる方法を、ぜひみなさんも実践してみてください。

48
大事な人へと同じように、自分にもリスペクトを注ぎましょう

運気を上げる方法である、まず自分を愛するということ。みなさん、自分のことをたくさん愛してあげていますか？

「他人が自分をリスペクトするのは、自分が自分をどれだけリスペクトできるかと同等である」

これはMimi Ikonnという、アメリカの人気イメージコンサルタントの言葉です。この言葉に刺激を受けて（インスパイアされて）、この夏、アメリカから私のコンサルティングを受けに来てくださったお客さまがいらっしゃいます。

私の大好きな英語のひとつの「respect」（リスペクト）。日本語に訳すと「尊敬する」ですが、それよりもっと深くて愛にあふれて思いやりのある行為を指しているよ

うに思います。

自分を愛してくれる人たち、自分が愛する人たちをリスペクトするのは本当に大切なことです。アメリカで愛情にあふれた素晴らしい人たちに出会うたびに、この人は、親やまわりの人からリスペクトをちゃんと受けてきたんだなぁと感じました。

自己肯定感が高い人とは、自分をリスペクトできる人。そして自分を愛するのと同じように人を愛することができる人です。

逆に、自分を愛せない人は、人を愛せず、さらに自分への愛を満たすために、人からの愛を求めてしまいます。

社会的地位のある方、プロフェッショナルな職業を持っている方で、一般的な常識もあり、周囲との対応も実に上手にこなすのに、自分へのリスペクトがないなぁと思う方が時々いらして、残念に思うことがあります。

このような方は、きっと親からリスペクトを受けてこなかったのだと思います。

たとえそうであっても、自分の人生は自分で変えられます。

自分をもっと好きになる。もっとわがままに**自分の心が楽しいと思うことをしてみ**

る。苦しいことを頑張っていることだと思いこまない。

自己肯定感を高め、自分をリスペクトするために、自分のよいところを見つけて伸ばしていくセルフプロデュースが絶対必要です。

自分のイメージを確立することで自信が生まれると、運が上がり、人生はより豊かに回り始めます。

49 嫌われることを恐れないほうが、人間関係はうまくいきます

アルフレッド・アドラーというオーストリアの心理学者の学説を分かりやすく解説した『嫌われる勇気』（岸見一郎・古賀史健著　ダイヤモンド社）という本がベストセラーになりました。

これは裏を返せば、いかに日本人が嫌われることを恐れているか、ということの表れでもあります。

日本には、人の顔色を読んで、自分の意見をなかなか言えない人、多いですよね。会議の場では何も意見を言わず、後で文句を言う人がいらっしゃいますが、これでは国際社会に通用しないなぁと思ってしまいます。

そもそも人間は生きている限り、**誰にも嫌われないなどということはありえません。**

私も若いときは、誰からも好かれる自分でありたいと思っていました。あの頃の自分は、コンプレックスと自信がないまぜになった状態で、自己肯定感が低かったと思うのです。

私は、アメリカで、自分らしさを認めてくれる人々とたくさん出会うことで、自己肯定感が高まり、自分に自信がつきました。自分に自信がつくと、誰かと比べることをしなくなります。

そして自分の意見を持ち、それを発信することを求められる社会で発言していくうちに、心がすっと軽くなるのを覚えました。「そうだ、嫌われないように人と接するのではなくて、人の意見もちゃんと聞いて、自分の正しいと思う意見を人に伝えていけばいいんだ」

私の知る限り、会社でトップをとる方というのは、ノーもしっかり言って生きてきた人です。これだけは譲れないという自分の意見をはっきり口にしてきた人。当然敵は少なくないと思いますが、それ以上に、上からも下からも、「この人は裏表がない」と信頼されてきたのだと思います。

「いかに嫌われないか」に汲々《きゅうきゅう》とすれば、人との付き合いは浅いものとなり、本音がどこにあるのか分からなくて、なんだか信用されないものです。

私は元来自分を飾ることが苦手で、正直に話しすぎて、時々「もっと気取りなさい」などと言われることもありますが、自分を理解し応援してくださる人たちに出会う確率が上がったのは、自分の意見を伝えられるようになってからです。

嫌われることを恐れてばかりいる八方美人より、**嫌われることを恐れずに正直に生きるほうが、はるかに信頼され、心からあなたを大切にしてくれる人に出会える**はずです。

50

同僚・同業者とつるまなければ嫉妬心は生まれません

昔は仲のよい友達だったのに、こちらが成功したら、ハッピーに暮らしていたら、なんだか冷たくなった、というケースは少なくないようです。

もしかしたら、「同じ学校で同じスタートラインに立っていたのに、なんであの人はあんなにたくさんの年収をもらっているんだろう」「私のほうが美人だったのに、なぜあの子のほうが先に結婚したんだろう」などと思われているのかもしれません。

そんなふうに、もう明らかに関係が壊れているのに、「彼女は一番古い友達なのに」「高校時代はあんなに仲がよかったのに」と、友達に固執する人がいます。

でもそんなときに、意地になって関係を修復しようとしても逆効果。しばらく放っておけば、何かの拍子にまた付き合いが始まるかもしれませんし、そのまま疎遠になれば、それはそういうご縁だったということなのです。

友達は、何歳になってもできるものだと思います。私は大人になってから、自分と同じ価値観を共有できる人や、私の話をおもしろいと思って意見も聞いてくださる大先輩とのご縁に恵まれました。

人から嫉妬《しっと》されることほど、理不尽なものはありませんが、それは自分にスポットライトが当たっている証拠でもあります。光が当たれば影もできる。「好きな芸能人ランキング」と、「嫌いな芸能人ランキング」に、しばしば同じ人が入っているように、成功している人は、好かれたり、一部に嫌われたりするものなのです。

では、あなた自身には、そういった嫉妬心はないでしょうか?

嫉妬なんかしたくないのに嫉妬し、しまいには「私って最低」と自己嫌悪に陥ってしまう。そのような負のスパイラルから解き放たれるには、「人と比較をしない」と決めることです。

嫉妬という感情は、自分と似た境遇の人、自分より「ちょっとだけ」上にいる人に

対して湧き起こるという法則があります。

ですから私は今の仕事を始める前は、日本のイメージコンサルタントの方のウェブサイトやブログを見て参考にさせてもらっていましたが、開業してからはまったく見ていません。

情報収集のためには読んだほうがいいのかもしれないけれど、人と比較をすることで、「私ってダメだわ」と焦ったり、落ちこんだりしたくないからです。

私は私らしく、私にしかできない方法で、イメージコンサルタントを続けていきたい。そのコア、芯《しん》の部分を失わないためにも、たとえ参考程度であっても、誰かを覗《のぞ》き見ることで、迷いのもとをつくりたくないのです。

みなさんだって、同業者同士や同じ職場の同僚と昼夜一緒につるんでいたら、あの人のほうがいい仕事が来ているとか、売れっ子っぽいとか、男性に人気があって優しくされているとか、どうしても比較からの嫉妬心が発生しますよね。

そうならないためにも、少なくともアフターファイブは、できるだけ異業種や仕事抜きの人と付き合うようにしましょう。そのほうが発見もあって楽しいし、素直にリスペクトし合えるはずです。お互いの悩みもきっと素直に話し合えるし、分かってあげられる。

あなたは、人とは違う、唯一無二の存在です。そしてどんな人もあなたの代わりになることはできない。人と違うことの素晴らしさを感じられる生き方をしてみませんか。

51

「後悔」という言葉を捨てたら素敵な人生を生きられる

ニューヨーク帰りのイメージコンサルタントというと、強気で人の意見も聞かない、バリキャリを想像される方も多いかもしれません。でも実際の私は、小学生時代の長い学級委員長の経験からか、全体を見渡して、和を尊ぶタイプ。そして、人から言われたことは、必ず後で反芻《はんすう》し反省するタイプです。

ただ反省はするけれど、後悔はしないことにしています。あるとき、自分の辞書から、後悔という言葉を消したのです。

たとえばある人に、ひどいことを言ってしまったとしましょう。それについて謝ることは絶対に必要です。私も自分が悪かったと思ったら、誠心誠意、言葉を尽くして謝ります。

でも一度口から出た言葉を引っこめることはできないのだから、後悔しても仕方がない。二度と同じことがないよう、何が原因だったのか徹底的に考えて、再発防止に努めることしかできません。

「あのとき、あの会社に行っていれば」

「あのとき、留学していれば」

「親の反対を押し切って夢に挑戦していれば」

「あのとき、あの人と結婚していれば」

と、誰の人生にも、後悔の種はあるでしょう。

でも、時間は巻き戻せません。**人生はいくらでもやり直せるけれど、時間だけは巻き戻せない**。アルフレッド・アドラーも「過去を考えるな、未来を見るな、今だけの自分にフォーカスしろ」という趣旨のことを言っています。

「あのとき、ああしていれば」

と後悔するのは、今の自分に満足していない証拠です。今よりもっと素敵な人生を歩みたいなら、後悔をゴミ箱に捨てて、前を見ないと先へは進めません。

いくつになっても「人生はレッスン」です。

練習なのだから、失敗は当然あります。

華やかな世界で成功している人だって、人の知らないところで挫折もしているし、嫌なことも経験しているし、はたで想像するほどハッピーな人生を送ってきているわけではないはずです。

楽しく生きるのも苦しみながら生きるのも、自分次第です。後悔は捨てて、でも時々は反省しながら、前を向いていきましょう。

52
嫌なことを切り捨てる前に、まずしてほしいこと

最近、あちこちでデトックス（体内にたまった毒物を排出させる）効果をうたった商品が販売され、エステサロンの広告でも必ずと言っていいほど、「デトックス」というメニューを見かけます。

医学的なエビデンス（科学的根拠）から言うと、デトックスは実証に乏しく、英国の国民保健サービス（ＮＨＳ）は「デトックスという言葉には何の科学的根拠もなく、そのような製品を購入する必要はない」と断言しています。

健康的な生活さえしていれば、人間のカラダにはもともと、有害な物質を取り除くシステムが備わっており、特別なサプリメントなどは必要ないと言われています。

先日設立した一般社団法人日本アンチエイジング・ダイエット協会でも、正しい食

生活を送ることや、睡眠や運動によって、健康で美しく、太らないカラダが手に入れられることをお伝えしております。

カラダには特別のデトックスは必要ないとして、心についてはどうでしょうか。

風水的に言えば、何かを捨てれば新しいものが必ず入ってきます。またスピリチュアル的に言っても、何かを手放せば、必ず新しいものが手に入ると言われています。家のがらくたを処分したり、古い服や着ない服を捨てる断捨離は、そういった意味では、非常に運気が上がるのです。

では、ただ何でも手放せばいいのでしょうか？　いらなくなった家具や洋服は処分できても、仕事や環境、恋愛や結婚、友人関係はどうすればいいのでしょうか？　心のデトックスで悩まれている方は、とても多いと思うのです。

職場が嫌で嫌で仕事を辞めたのに、新しい仕事が決まらない。彼氏やパートナーと別れたのに、素敵な人との出会いがない。いい加減な男性ばかりが寄ってくる。

自分は、今なぜ、目の前のこれを手放そうとしているのか。それをちゃんと見極めることを怠ると、決して新しいものはよい形では入ってきません。よりよい新しいものを手に入れたいのなら、まず**それを手放そうとしている自分の心としっかり向き合う**ことが必要です。

職場や相手が悪いからこうなった、ただそこから逃げたいといったネガティブな感情で、環境やご縁を手放しても、決してよい運気は入ってきません。

そこはカラダと一緒ですね。ちゃんと排泄《はいせつ》しなければ、いくらカラダによい栄養価の高いものを取っても、ちゃんと栄養を吸収できません。

自分のまわりにいる人々は、自分の鏡です。もし悪いことが続くなら、まわりの人間関係に疲れてしまっているなら、自分自身を今一度見直してみてください。もしかしたら、原因はあなたにあるのかもしれません。

それをちゃんと見極めて、自分の心に向き合って、それでも手放すと決めたなら、ポジティブに、潔く、前向きにさよならをしましょう。

後悔せずに前を向いてポジティブに歩いていけば、きっと新しい運気があなたに味方してくれるはずです。

53

小さなことも大きなことも、迷ったらワクワクするほうを選ぶ

あなたの目の前に長く続く二つの道があります。右か左か、迷ったときの判断基準はなんでしょうか？

私はイメージコンサルタントという仕事にたどり着く前、ずいぶんと長い間、自分探しをしていました。

日本に戻ってからは、人生の選択で迷っている方に多くお会いします。みなさんに聞かれるのは、どうして今の職業を選んだのですかということ。「なんだかとても楽しそうな仕事に思えるし、イキイキ仕事をしているユミコさんを見ていると、羨《うらや》ましいなぁと思います」

人から、楽しそう、イキイキしていますよね、と言われると本当に嬉しい。

「君は何ができるの？　何がしたいの？」

これはアメリカで私が聞かれたことです。

私が答えられずにいると、

「それなら嫌なこと、できないことを片っ端から書いて、消していきなさい」

そう言われて、一枚の紙に、世の中にある数々の職業を書き出しました。

これは今から大学院に入って卒業するまでに数年かかるからできない。これは立ち仕事だから、足が痛くなるから無理だわ。その作業はちっとも心躍らず、結局私のしたいことはひとつも残りませんでした。

趣味は仕事にしないほうがよい。親や先輩から聞かされ続けてきたそんな教えが心に残っていて、好きなことを選ぶという考えを排除していたのでした。

だったら私のワクワクすることって何だろう？

私はずっと、人の心を救う心理カウンセラーになりたいと思っていました。そこでニューヨークで大学院に行こうと計画したら、ＴＯＥＦＬの点数が足りません。そこで大学に通ったものの、子育てをしながらの宿題の量の多さに音を上げて、通学を断念。

当時の私は洋服が大好きで、ショッピング学のPh.D.(博士号)をあげようと言われるくらいでした。たくさんあるラックの中から、誰も着ていないような一枚を見つけるとワクワクしました。服装を分析することが得意で、「この人、もったいないなぁ」と思う人を変えたい、よくしたい。それが私の一番ワクワクすることだと気がついたとき、マンハッタンの、のちに私のボスになるイメージコンサルタントのオフィスの門を叩《たた》いていました。

今の仕事にまったく直結しない、いろいろなディプロマ(免状)も持っています。挑戦してみて、どれも私の心をワクワクさせるものではなかったけれど、どの経験も決して無駄にはなっていません。様々な経験や悩んだことが、私という人間をつくり、どんな方の気持ちにも寄り添えるようになったのだと思います。

これまで、イメージコンサルタントという仕事を辞めたいと思ったことは一度もありません。この仕事を日本で始めてしばらく経ったとき、ある会社の代表にならないか、というお話をいただきました。正直、かなり心が揺れました。

「どうなるか分からないイメージコンサルタントよりも、大きな企業と取引できる仕事だからやりがいがあるよ」

そのように言われ、イメージコンサルタントの仕事をしながら、2週間くらい会社に席を置いてみましたが、結局少しもワクワクしませんでした。

人生を努力と根性の連続、苦しいけれど頑張ると選択していく生き方もひとつ。**心がワクワクするから、努力も努力と思わないくらい楽しめる**という生き方もひとつだと思うのです。

今、ニューヨークで始めたイメージコンサルティングに、日本で習い直したメイク、そしてメンタルやコミュニケーションプロファイルもプラスしてご提供しています。

もっとトータルに人を健康で美しくしたいと、栄養学や医学のプロフェッショナルな方々のご協力を得て、一般社団法人日本アンチエイジング・ダイエット協会も設立しました。

これらは、どれも私がワクワクすることを選択してきた結果です。

そして人生の大きな選択だけでなく、小さな日常でもまったく同じことを問いかけて暮らしています。

雨の月曜日、オレンジの花柄のワンピースを着るか、グレーのパンツスーツを着るか。心がワクワクするほうを選べばよいのです。

そんなふうに生きていたら、「どうしてこの人はいつもこんなに楽しそうなんだろう」と、素敵な人たちが集まってきてくださるのです。

どちらの道に進もう、どちらのパスタを食べよう、そんな選択に迷ったら、心がワクワクするほうを選んでみてください。きっと幸運のスパイラルが始まりますよ。

54

かすみ草にはかすみ草の「色香」があります

ご自分を花にたとえるとなんでしょうか？　私はよくお客さまにこう質問します。

ご自分に自信のない方、ご自分の魅力に気がついていない方が陥りがちなのが、「薔薇《ばら》に憧れたスイトピー」「カサブランカになりたいチューリップ」になってしまうことです。

イメージコンサルタントの仕事は、薔薇は薔薇らしく、スイトピーはスイトピーらしく、美しく輝かせることです。

花束では添え花のように思われているかすみ草。実はとても凜としていて奥ゆかしさがあって、私の大好きな花のひとつです。

自分をかすみ草にたとえるお客さまがいらしたら、その奥ゆかしさと凜とした感じをどうやったら出していけるかを、お客さまと一緒に考えて答えを出していきます。

私が日本女性や男性にもっと身につけてほしいなぁと思うもの、それは、色香《いろか》です。

どんなお花にも色と香りがあります。

見た目を美しくすることだけに全神経を注いでいると、色香がまったくない人になってしまいます。たしかにお花は画像で見ても美しいけれど、お花屋さんに入って、その香りと、リアルの鮮やかな色合いを目にすると、何倍にも美しく感じられます。生花の色と香りが、カラダや心、そして脳を活性化させてくれるのです。

秋の結婚式シーズンによく見かけるのが、みなさん同じようなドレスを着て、同じ髪型をしている女の子たちの集団。今どきの女の子はみなかわいいのですが、個性がまったく感じられず、きれいだなぁ、色香があるなぁとは思えません。

色香とは個性の輝きです。あなたらしさってなんでしょうか。

せっかく女性として生まれてきたのだから、隣の人と同じ格好ではなくて、あなたらしさを表現し、あなただけの色香を漂わせてほしい。そしてもっとセクシーな日本女性や男性が増えるといいなぁと思います。

55 「ぶれない芯」と「いくつもの顔」で女性は美しくなる

自分を知るために、「私はどんな人なんだろう」と、50項目を書き出してみましょう。

「そんなに？」と思うかもしれませんが、いざ書き出してみれば50項目ぐらい余裕で挙げられるはずです。

・負けず嫌い
・温かくて母性的
・正直
・かわいい

というように、思いつくままに書いていきましょう。

男性であれば、
・決断力がある
・後輩に頼られる
・行動力がある
・包容力がある
などと全部出していく。すると何か腑《ふ》に落ちる、納得できるところが見つかるはずです。

項目の中には、
・色気があると言われる
・清楚《せいそ》である
というように、相反する要素があるかもしれません。

でもそれは人間である以上、当たり前のこと。

顔はいくつもあってもいいのです。家庭での顔、職場での顔、お友達に向けての顔、恋人に向けての顔というように、自分の顔は複数あるのが当然です。

自分では矛盾かなと思っても、それは矛盾ではなくあなたの多面性なのです。

自分らしいコアの部分があって、そのまわりに職場での顔、妻としての顔、母としての顔、女としての顔というように、様々な顔がある。その「多面性」がみなをハッとさせるのです。

でもコアの芯の部分がぶれてはいけません。いろいろな面を持っているけれど、芯の部分でひとつにつながっている。それが「その人らしさ」であり、信頼のもとになります。しっかりした芯があってこその多面性が、人を魅了するのです。

女性の脳は男性よりマルチタスクと言われています。**いくつかのことを同時に行うことができる能力を、女性は生まれながら授かっている**のです。

自分の魅力はどこにあるのか。コンプレックスも含めて自分を知って、いいところをより伸ばしていく。そのプロセスを通じて、「苦手だと思いこんでいたけれど、今度はこういう服を着てみよう」「今までしたことのないメイクに挑戦してみよう」となるかもしれません。あるいは「これを習ってみたい」となるかもしれないし、習い事を極めた結果、「人にこれを教えたい」ということになるかもしれません。

もっと欲張りにたくさんのことを同時に楽しんでみてください。

女性の私から見ても、いくつかの顔を持つ女性は一緒にいて飽きないし、断然魅力的に見えます。

あなたらしさを追求して、色香のある美しい花を咲かせてほしい。心からそう思います。

あとがき

2011年3月11日、東日本大震災の日に、9年近く住んだアメリカ、ニューヨークを引き払い、震災発生後一番早く飛んだNew York - Narita便で、帰国の途につきました。震災直後の混乱で、家探しも、家電購入もままならないまま、都心のアパートメントホテルでの生活を余儀なくされました。灯りが消えた東京の街を見下ろすアパートメントホテルで、震災のニュースを見ながら涙した日々から、4年以上の歳月が流れました。

大人になってからのアメリカの生活で、私の価値観や生き方は大きく変わりました。欲望を隠さず、アグレッシブであることをよしとするマンハッタンでは、年齢にとらわれず、自分に自信を持ち、自分らしく生きているセクシーな女性たちが美しいとされていました。

久しぶりに戻った母国、日本の雑誌では、男性受けを狙った「愛されファッション」や、若く見えることだけを生きがいにした女性たちの特集が組まれていて、ひどく違和感を覚えました。

私がこの本でお伝えしたかった「NY流 30秒で『美人！』と思われる女性」とは、ぶれない自分をしっかり確立しながら多面性を持っている女性、自分の長所や美しさを引き立てるファッションやメイクができる女性、そして、ひとこと言葉を交わしただけで、たった1回視線を交わしただけで、その人が人生で豊かな経験を重ねてきたことが感じられ、思わずファンになってしまう女性のことです。

〝若さは美しいが、美しさは若さではない〟

JUDY AND MARYのボーカルYUKIさんの言葉です。

ただ「美しいこととは、若いこと」と捉えてしまうと、人生はつまらないものになってしまいます。未熟であることが「かわいい」とされる日本で、これまであまり語られることがなかった、「年齢を重ねるごとに美しくなる人生」の楽しさを、ぜひ多くの女性に知っていただきたいと思うのです。

目の前にある高い山を登るとき、植物も生えない険しく苦しいルートを取るのか、美しい草花に出会え、鳥のさえずりが聞こえるルートを取るのかと聞かれたら、ほとんどのニューヨーカーは迷いなく後者を取るでしょう。「頑張る」という言葉に大きな価値がおかれる日本では、努力イコール険しく苦しい道を歩くことと思っている方が多いかもしれません。でもそんなことはありません。

私は典型的な日本女性の道を歩んできて、たまたま住んだアメリカで、素敵なニューヨーカーたちに感化されて、今があります。自分をプロデュースするというのは、楽しく、想像以上に人生を豊かにしてくれるものです。

日本は本当に素晴らしい国で、日本女性は他国の女性にない強さと優しさを兼ね備えています。ハミングしながら、私と一緒に山道を楽しく登ってくださる、そんな日本の女性たちに、この本を贈ります。

2015年晩秋

一色由美子

一色由美子
Yumiko Isshiki

イメージコンサルタント。一般社団法人日本アンチエイジング・ダイエット協会理事長。
イネス・リグロン監修"World Class Beauty Academy"講師。
2002年に渡米。
イメージコンサルティングの本場ニューヨークにてイメージコンサルタントの先駆者に
師事し、「Y Style New York」を立ち上げる。
日米の会社経営者や投資家、アーティストなどにイメージコンサルティングを行う。
2011年3月に帰国し、外見のみならず、話し方、聞き方、立ち振る舞いまで、
ノンバーバルコミュニケーション全般の改善をお手伝いする
イメージコンサルタントとして日本での活動を開始。
政治家、経営者、ビジネスパーソン、芸能人、また企業や団体、クリニックなど、
幅広いクライアントの戦略的イメージブランディングを手がけるほか、
イメージコンサルタント養成スクールも運営する。
2015年7月に、栄養学、睡眠学、ファッションスタイル学を学び、
認定資格(アンチエイジングダイエットアドバイザー)を取得できる
一般社団法人日本アンチエイジング・ダイエット協会を設立。
内側と外側の両方から健康で美しい女性を増やす活動を行っている。

Y Style New York & Tokyo　http://www.ystyletokyo.com/
一般社団法人日本アンチエイジング・ダイエット協会　http://antiaging-diet.jp/

NY流
30秒で「美人！」と思わせる
55のルール

2015年12月15日　第1刷発行

著者　一色由美子
発行者　見城 徹
発行所　株式会社 幻冬舎
〒151-0051 東京都渋谷区千駄ヶ谷4-9-7
電話　03(5411)6211(編集)　03(5411)6222(営業)
振替　00120-8-767643
印刷・製本所　中央精版印刷株式会社

検印廃止

Printed in Japan　ISBN978-4-344-02871-5　C0095
幻冬舎ホームページアドレス　http://www.gentosha.co.jp/

この本に関するご意見・ご感想をメールでお寄せいただく場合は、
comment@gentosha.co.jpまで。